本专著是重庆第二师范学院 2021 年校级—
思想与英语课程思政融合路径研究"（项目编号：KY202114C）和
重庆第二师范学院"贝根"儿童教育校级儿童创新教育研究所的
研究成果之一（项目编号：2022XJYJS18）。

语言教学的基础理论研究

吴朝霞◎著

吉林出版集团股份有限公司
全国百佳图书出版单位

图书在版编目（CIP）数据

语言教学的基础理论研究 / 吴朝霞著 . -- 长春：
吉林出版集团股份有限公司 , 2022.11
ISBN 978-7-5731-2825-6

Ⅰ . ①语… Ⅱ . ①吴… Ⅲ . ①语言教学—教学研究
Ⅳ . ① H09

中国版本图书馆 CIP 数据核字 (2022) 第 233167 号

语言教学的基础理论研究
YUYAN JIAOXUE DE JICHU LILUN YANJIU

著　　者	吴朝霞	
责任编辑	宋巧玲	
封面设计	李　伟	
开　　本	710mm×1000mm	1/16
字　　数	203 千	
印　　张	12	
版　　次	2023 年 4 月第 1 版	
印　　次	2023 年 4 月第 1 次印刷	
印　　刷	天津和萱印刷有限公司	

出　　版	吉林出版集团股份有限公司
发　　行	吉林出版集团股份有限公司
地　　址	吉林省长春市福祉大路 5788 号
邮　　编	130000
电　　话	0431-81629968
邮　　箱	11915286@qq.com
书　　号	ISBN 978-7-5731-2825-6
定　　价	72.00 元

作者简介

吴朝霞　女，汉族，硕士研究生，毕业于英国约克大学，教育学博士在读。现任职于重庆第二师范学院，讲师。主要从事英语教学和教育管理研究。主编、参编专著 2 部，公开发表学术论文 7 篇，其中在权威期刊发表论文 1 篇，主持和主研教学改革项目 4 项，授权研发实用新型专利 2 项。

前　言

　　语言学科具有自身的规律和特点，与其他课程的教学存在差异。语言教学应顺应时代发展的新需求，基于语言学理论推动教学方法创新和教学模式变革，以激发学生的英语学习兴趣，促进学生掌握英语技能、理解语言文化，从而提高英语教学专业化程度和实际教学效果。将语言学理论应用到高校英语教学之中，可以促进学生不断提高英语综合素养，对开展语言人才培养模式的研究具有重要指导意义。

　　随着全球化趋势的不断加强，英语作为世界上通行范围最广的一种语言，无论是对于不同文化之间的交流，还是各国之间的经济、政治往来都做出了巨大的贡献。因此，英语逐渐成为我国高校的通识主干课之一。但从英语教学的实际情况来看，部分教师只是围绕教材内容进行教学，缺乏必要的拓展和延伸。并且许多教师将考试成绩作为检验其教学成果和学生学习能力的唯一标准，将重点放在语言知识点的归纳和考点的统计上面，使英语作为一种语言文化的研究价值以及学习价值被轻忽。为了更好地掌握英语、熟练地使用英语，教师必须掌握一定的语言教学理论，才能帮助学生更深入地理解英语语言的使用规范，将语言学理论扩展到语言的学习和应用中去，以此促进我国大学生语言能力、思维品质、文化意识和学习能力的提高。

　　第一章主题为语言教学研究与中介语理论，从中介语的概念界定及特征、中介语的形成原因及分析、中介语的理论系统、中介语在外语教学中的研究、中介语石化现象的教学启示五个方面进行了论述；第二章主题为语言教学研究与语言迁移理论，分为概念与分类、影响因素分析、语言迁移对大学英语教学的启示、语言迁移理论在大学英语写作教学中的应用四节内容；第三章围绕语言教学研究与交际能力理论这一主题展开论述，共包括交际基础知识、交际能力的主要理论内容、交际法、大学英语教学中实际交际法的必要性、交际法在大学英语听力教学中的应用五个部分；第四章围绕语言教学研究与社会文化模式理论展开论述，分为认识文化适应模式，社会文化理论核心概念及主要内容，社会心理模式、社会教育模式和创造性建构学习模式，大学英语听说教学中的文化因素导入，大学英语读写教学中的文化因素导入五节内容；第五章介绍语言教学研究与学习者个体因素，分为学习者年龄因素、学习者语言潜能因素、学习者学习动机因素、学习者学习个性因素四节内容。

在撰写本书的过程中，作者得到了许多专家、学者的帮助和指导，参考了大量的学术文献，在此表示真诚的感谢。本书内容系统全面，论述条理清晰、深入浅出，但由于作者水平有限，书中难免会有疏漏之处，希望广大同行及读者及时指正。

吴朝霞

2022 年 8 月

目 录

第一章 语言教学研究与中介语理论

中介语理论是较早用认知观点解释第二语言学习的理论模型，其重要意义在于它把第二语言学习看作一种心理过程，并提供了一个理论框架来解释这种心理过程。本章主题为语言教学研究与中介语理论，共分为五节：中介语的概念界定及特征、中介语的形成原因及分析、中介语的理论系统、中介语在外语教学中的研究、中介语石化现象的教学启示。

第一节 中介语的概念界定及特征

一、中介语基本概念

心理学和语言学在 20 世纪 60 年代获得了重大发展，在研究第二语言习得时，有一些重要的变化在这一过程中发生了。研究者从以"教学方法"为研究重心转向了以"学习过程"为研究重心，逐渐改变了先前的认知，发现了语言学习的中心其实是学习者。在学习者习得第二语言的过程中，中介语发挥了语言输出的功能，受到了研究者的广泛关注。许多知名学者对这一问题进行了深入研究，并对此进行了理论上的解释。

（一）国外学者对中介语概念的界定

"The process of learning a second language（L2）is characteristically non-linear and fragmentary, marked by a mixed landscape of rapid progression in certain areas but slow movement, incubation or even permanent stagnation in others. Such a process results in a linguistic system known as 'interlanguage'."这句话的意思是，学习第二语言（L2）的过程具有非线性和碎片化的特征。其特点是在某些区域快速发展，但在其他地方进展缓慢、停滞甚至永久停滞。这样的过程中产生了一种被称为"中

介语”的语言系统。

美国语言学家塞林克（Selinker）指出："中介语指第二语言学习者的一种独立的语言系统，这种语言系统在结构上处于母语与目标语的中间状态。"换言之，每一个第二语言学习者在学习第二语言时，都会结合自己的母语知识，吸纳目标语的语音和语法体系，形成一种自己的、独立的语言体系。它在语音、语法结构上既不是学习者的母语，又不是目标语，而是介于两种语言之间的一个连续体上的一种特殊的语言体系，兼有学习者母语和目标语的语言特征，并且这种语言体系是动态发展的。随着学习者对目标语的学习，他们的语言知识和交际能力不断提高，这种语言体系也会逐渐向目标语的规范形式靠近，但他们却永远不能像母语使用者那样使用目标语。

因此，母语才是学习者习得第二语言的开始，而达到目标语可以通过中介语的方式实现。中介语作为一个语言系统，具有连接母语和目标语的作用。它自身具备过渡性的特征，如果想要习得第二语言，这是必需的过程。塞林克认为，关于中介语的定义，其实有两层含义："中介语既可以指第二语言学习者在学习过程的某一特定阶段中认知目标语的方式和结果的特征系统，即一种特定、具体的中介语言语（an interlanguage），也可以指反映所有学习者在第二语言习得整个过程中认知发生和发展的特征性系统，即一种普遍、抽象的中介语语言体系（interlanguage 或 the interlanguage continuum），也称中介语连续体。"前者为学习者在第二语言学习过程中建立起来的某一阶段的中介语系统，侧重中介语概念的静态特征；后者则指学习者在整个第二语言习得过程中形成的中介语连续体，侧重中介语概念的动态特征。同一概念将静态和动态两个层面结合在一起，全面系统地剖析了学习者在第二语言学习过程中形成的语言体系。

这一点与英国应用语言学家彼德·科德（S.Pit Corder，1918—1990）对中介语的描述相近。科德认为，中介语有横向和纵向两种描述方式。从横向上看，中介语作为一种语言系统，能够在特定时间点帮助学习者实现构建。从纵向上看，中介语指的是学习者所经历的不同发展阶段。许多研究者用不同的术语来描述中介语现象。早在 1967 年，科德在《学习者错误的意义》一文中，就把"尚未达到目的语语言能力的学习者的外语能力"称为"过渡能力"。科德还在 1971 年提出了将"学习者的语言看成目的语的一种方言"，并称其为学习者特有的"特异方言"（idiosyncratic dialect）。"由于这种特异方言的不稳定性"，科德认为，也可以称其为"过渡方言"（transitional dialect）。"目的语"和"目标语"其实意义相同，只不过不同的学者称法不同。

1971年，美国语言学家奈姆瑟（Nemser）提出一种名为"近似系统"（approximative system）的概念。在奈姆瑟看来，"学习者的语言系统是逐渐接近目标语系统的、不断变化的连续体"。另外，奈姆瑟特别强调，"近似系统是学习者在学习目的语时，实际运用的偏离的语言系统"。奈姆瑟认为，以塞林克的理解作为评判标准，学习者的语言是背离了目的语系统的，这是一种"偏误"（deviant）。在这一点上，奈姆瑟与塞林克的观点是不同的。虽然这些术语的描述角度各不相同，但是都明确指出第二语言习得者的语言是介于母语与目标语之间的、独立的语言系统。

（二）国内学者对中介语概念的界定

在我国学者涉及中介语研究的文章中，对于interlanguage的译名极不统一，有的译为"语际语"，有的译为"族际语"，有的译为"中继语"，有的译为"中间语"。但是近些年来，学术界比较认可和接受的译法应该是"中介语"或"过渡语"。

20世纪80年代初，我国学术界才引进中介语的概念，并对中介语进行定义。比较主流的观点是，中介语是学习外语的人在学习过程中没有正确地对目标语规律进行归纳和推论而产生的语言体系。这个语言体系不仅与学习者的母语不一样，也不同于学习者学习的目标语。在语音、词汇、语法、文化等方面，中介语系统都为人们展现了自身的表现。但它并不是一成不变的，而是与学习的发展相关联，逐渐接近目标语的正确形式。这是从发生学的角度对中介语下了一个定义，将中介语的系统性明确地指了出来。

也有一种观点认为，学习者在学习第二语言时对目标语产生的一个自身特有的语言系统，就是中介语。在语音、词汇、语法、文化和交际等方面，中介语既与学习者的第一语言不一样，也与学习的目标语不一样。它是能够与学习者的学习进度相关联并且会向目标语的正确形式不断进步的、动态的语言系统。此定义将中介语系统扩展到文化和交际的层面，加深了中介语定义的内涵。另外，也有部分学者曾对中介语进行了定义，但他们或是忽视了中介语的本质特征，或是把中介语与学习者的母语和目标语的关系绝对化。

第三种观点是：研究者对中介语所下的定义采用了不同的角度和表述。总的概括起来，有以下几个特征：

（1）人类语言拥有的一般特性和功能，中介语同样具备。它有一套自己的语音的、词汇的、语法的规则系统，更重要的是人们可以用它做工具进行交往。

（2）中介语可以是静态的，指的是学习者在学习第二语言时，对某个阶段的语言状况进行的语言学习是共时的。

（3）中介语可以是动态的，指的是从零开始学习的第二语言学习者逐渐接近目标语言的过程，即学习者对第二语言习得的轨迹带有历时性的属性。

塞林克对中介语的定义与上文论述的中介语特征是一致的，体现出"中介语理论就是要在对共时的描写基础上研究历时的动态过程，从而最大限度地揭示学习者学习语言的规律"。

（三）中介语的认知构建

塞林克认为，语言的迁移（language transfer）、训练的迁移（transfer of training）、第二语言学习的策略、第二语言交际的策略、目标语材料的过度泛化（over generalization）是五种构建中介语体系的认知。他认为，正是这五种认知使第二语言学习者构建起了中介语体系，其中第二语言学习者的母语和目标语是中介语形成的两个基本因素。第二语言学习者的学习方法和学习策略各不相同，但相同之处在于，他们都会借助于母语知识来学习第二语言的新知识，使原有知识与新知识交织、融合，进而构建一套自己的过渡语系统。

塞林克认为，学习者所形成的中介语知识系统实际上是一系列的心理语法，学习者依靠中介语来使自己的言语能够产生并做出解释。这些心理语法不是固定的，而是一直在变化的。随着学习者对第二语言学习的逐渐深入，中介语知识系统所包含的心理语法越来越复杂。塞林克认为，语言石化的情况会在第二语言的学习过程中出现。它是指中介语中某些非目标语的语法以及音韵长期存在且很难被改变的现象。由于语言石化现象的存在，大多数学习者目标语的语言能力尚不能完全掌握。

在塞林克对二语学习进行研究之前，在第二语言学习研究领域的主要理论基础是行为主义理论。而中介语理论是比较早的一种理论，其意义在于率先提出了二语学习是一种心理过程的观点，并提供了一种解释心理过程的系统理论尝试。中介语理论也为第二语言学习的试验研究提供了理论依据。

从认知心理学的角度来看，塞林克从语言知识的表征的角度对中介语下了定义。因此，当后世的人们对这种表征的性质以及这种表征在第二语言学习中的作用进一步研究时，这一概念为研究奠定了理论基础。但中介语理论也有着明显的不足。它没有清楚地解释中介语系统的发展和变化是怎样进行的，也没有解释中介语系统是如何影响语言输出的。

二、中介语的特征

中介语作为一种独立的语言系统，具有以下五个基本特征：

（一）系统性（systematicity）

中介语并不能被简单地看成目标语和母语互相干扰而随意形成的一种混合体，而是学习者在第二语言习得某阶段所建立起来的一个自主的、独立的动态语言系统。这个系统有属于它自己的语音、词汇和语法。

同时，系统性也意味着中介语的规则具有系统变化的特性。语言学习者在不断的学习过程中，他们的语言能力始终处于对目标语规则的不断重组、修正和逼近的过程中。学习者利用自身对目标语已知的规则，对语言材料采用不同的学习策略进行加工，从而对规则体系进行重构。这种变化不是随机的，而是具有一定的系统变化性。

（二）可渗透性（permeability）

中介语受母语和目标语的双重影响，在学习过程中，学习者已经习惯性地依赖母语，而不自觉地将母语中的语言形式、意义和与母语相联系的文化迁移到第二语言的学习中去。

（三）过渡性（transitivity）

中介语是以母语为起点，逐渐向目标语靠拢的过渡阶段出现的语言系统。第二语言习得者并不是把中介语作为学习的最终目标，中介语只是习得目标语的必经阶段。它产生的特殊条件决定了它的过渡性。

（四）可变性（variability）

可变性是中介语中复杂而又富有研究意义的概念。由于语言因素、发展因素、场景因素、心理语言因素及各因素相互间作用导致的影响，学习者在不断的学习过程中，使用目标语所犯的错误与刚开始所犯的错误不同。同在中介语范围内，所表现出来的内容和形式是有差别的。可变性包括系统可变性（systematic variability）和非系统可变性（non-systematic variability）。

（五）石化性（petrifaction）

由于某些语言错误已根深蒂固，一些过渡语的不正确特征，如语法、语音特征在短时期内无法消除。尽管语言习得者在今后学习过程中的水平不断提高，错误也越来越少，但这些错误很难改变或几乎不能改变，即达到了不论如何努力学习，都看不到有明显的进步，学习进度停滞不前，达不到真正目标语国家的语言水平。

简而言之，中介语理论认为第二语言学习者的语言具有系统性、可渗透性、过渡性、可变性和石化性。系统性是指学习者的错误存在着规律性和顺序性。可渗透性指的是母语会对第二语言产生渗透和影响。过渡性是指学习者产出语言的中介性。可变性显示出适当的策略对第二语言水平提高的作用。石化性指第二语言学习者产出语言的相对稳定性。

第二节　中介语的形成原因及分析

一、中介语的产生

（一）根源

1. 语言迁移（Language transfer）

那些已经将母语的基本词汇和语法结构基本掌握的第二语言学习者，在学习目标语词汇和语义结构时，其母语词汇和语义知识必然会影响其对目标语词汇和语义结构的学习。语言迁移是指在第二语言习得时，第二语言学习者将母语规则应用于学习中，并对目标语言的学习产生了或积极或消极的影响，这就是所谓的正向迁移（positive transfer）或负向迁移（negative transfer）。

2. 对目标语规则的过度概括（overgeneralization）

在第二语言的习得过程中，第二语言学习者往往将一些规则作为通用规则，简化目标语的语言结构，从而将一些没有在目标语中的结构变体变化出来。母语的特征在这种结构变体里是不存在的，它们只会反映目标语的特征。例如，有的二语学习者会错把名词复数形式"-s"加在"foot"之后，写成 foots。

3. 训练转移（Transfer due to the effects of teaching）

在目标语课堂中引起迁移，可以通过过分强调某种结构或规则的方法实现，但这种情况的发生大多是由于教师的教学不当或教材内容不当。例如，教师对某些音素的发音不够准确，第二语言学习者的发音就会受到影响。

4. 学习策略（Leaming strategies）

学习策略是指第二语言学习者在学习某种语言（包括学习母语）时，他们的语言能力还没有达到熟巧运用（proficiency）的程度，却试图对该语言进行策略性处理。这个策略包括简化（simplification）、减少（reduction）、迁移（transfer）、省略（omissions）、替换（substitutions）、重构（restructuring）、程式语（formulaic language）。

学习策略的使用有助于第二语言学习者对学习过程的宏观调控，对中介语的发展有直接的影响。

5. 交际策略（Communication strategies）

所谓交际策略，是一种当说话者遇到困难时所使用的系统的技巧。接受（理解）和表达承载了交际策略的两方面内容，即何种交际策略可以被选择，这样的选择又反映了第二语言学习者学习的阶段和学习的水平。当学习者的目标语知识水平不断发展时，第二语言学习者从基于母语的策略转向基于目标语的策略。第二语言学习者通过在实际语境中使用语言，不断建构、审视和调整新的语言心理模式，并沿着从母语到目标语的中介语连续体的路径进行转化。塞林克把语音转换放在了五个领域的第一位。1992 年，他提出了中介语理论的精华就是语言迁移的观点，并在其著作《重新发现中介语》（*Rediscovering Interlanguage*）中进行了解释和强调，强调了在第二语言学习者建立目标语知识系统的过程中，语言迁移所起到的作用。这表明了中介语研究的重要内容和聚焦点是语言迁移研究。

（二）产生阶段

1. 对比分析

从现象看，对比分析可能自有译事以来便出现了，较早出现在教学领域中，因为有翻译便有对比。其实翻译本身就是对比，只不过早期的对比还没有上升到理论高度而已。20 世纪 50 年代到 60 年代，美国语言学家创建了对比分析理论，其代表人物是弗赖斯（Charles C. Fries）和拉多（Robert Lado）。拉多在 20 世纪 50 年代出版的《语言学与文化》被认为是对比分析的经典之作。

对比分析的理论基础是迁移理论。迁移理论认为，一切新知识的产生都要受已有知识的影响与制约。根据这种理解，语言学家把迁移分为两种：一种是正向迁移，一种是负向迁移。正向迁移是指那些产生在目标语与母语之间，相同或相似的语言现象。这种现象可以直接由学习者引导理解和掌握目标语，学习者可以将中介语的正确现象进行迅速理解。负向迁移是指学习者的母语和目标语之间存在着差异，这种差异会造成学习者在目标语学习过程中产生误差和不确定。从正向的迁移观点来看，母语为朋友；从负向的迁移观点来看，母语是他们的阻碍。

由此引出拉多的一句名言："与学习者的母语相似的语言容易学，不同的难学。"要把拉多的语言理论用于教学，就应首先弄清楚母语和目标语中什么是相同的、相似的，什么是不同的，只有这样，教师和学生才能清楚什么易学、什么难学。要做到这一点，就必须对两种语言进行详细的对比分析。早期的对比分析来源于外语教学，也服务于外语教学。

对比分析和迁移理论都强调已知对新知的作用，奥苏贝尔（Ausubel）甚至说道："如果我要把整个教育心理学归纳为一个原则的话，那么我想这样说：影响学习的最重要的唯一因素是学习者已经知道的东西，弄清楚这一点并根据它进行教学。"

已有的知识犹如运动的物体存在惯势，或者说惯力，在语言学中可称为语言惯势反应或语言惯力反应。母语迁移、目标语泛化都是这种反应的表现。

当代的外语教学多指成年人的外语教学。成年人和儿童的一个很大差别就是：儿童大脑的语言区是张白纸，那里没有任何已知的东西。成年人就不同了，他有一套完整的、系统的、全面的母语知识。实践证明，成年人学外语时总是不由自主地寻找正确表达的依托，这似乎是一种很难阻止的惯势。他此时的依托或依靠就是已知的东西，即母语，因此母语的影响在所难免。如果说儿童学外语，他的大脑语言区是张白纸，是一块白板，这个白板对语言知识与技能的吸附能力是很强的，他学的语言现象可直接地、不受任何干扰地"印"在"白板"上。事实证明，成年人学外语要经过已有语言知识（包括结构、用词、语言思路等）的过滤。这个过滤器有两个功能：

第一，与母语相同或相近的地方可顺利通过，犹如顺着已有的轨道顺利前行一样，成为中介语的正确现象。

第二，目标语中与母语不同的现象，多要依傍母语的规则，顺着靠近的母语轨道输出并成为中介语的组成部分。

由于这部分语言现象是经过母语知识的轨道输出的，所以带有很明显的母语痕迹。与母语差异比较大的语言现象多被这个过滤器"拒之门外"，在较长时间内显示为中介语的缺无现象，或经母语规则扭曲而顺着母语规则输出，成为或错误或不地道的中介语现象。当学习者学到了一些目标语的规则与习惯表达法后，会出现两种干扰与两种促进：母语的正向迁移与负向迁移和目标语的正向迁移与负向迁移。新知识如与母语规则相悖，又与目标语常见规则相悖，它就要同时克服母语与目标语已知规则的两种干扰，通过母语干扰与目标语迁移的两个过滤器，否则便极易被堵在目标语正确现象的大门之外。

中介语初期，新学的语言现象多要通过母语的过滤器，待学习者的目标语规则学得较多，印象与习惯较深刻、较明显时，即中介语到达中、后期时，新学的语言现象多要通过目标语规则的过滤器。

儿童学语言不需要过滤器的过滤，这也许是儿童学语言比成年人学外语容易得多的一个重要原因。也许儿童学语言走的是一条直线；成年人学外语走的是曲线，要一步一回头，回头看母语和目标语的规则，身边有拉扯的阻力，所以走得慢。

对比分析的主要心理学根据是行为主义心理学，其语言学基础是以布龙菲尔德为代表的结构主义语言学。对比分析理论认为，学习者错误的主要原因是母语的干扰，因此重视对两种语言的对比分析，并试图通过对比分析找出母语与目标语的异同，进而找到外语教学中的难点和易点，以促进教学，通过强化刺激反应的操练形成习惯，加快教学过程。对比分析理论的学者认为最好的教材应该是在对比分析，即在找出异同点及难易点的基础上编写的。

对比分析理论的学者认为，对比分析可以预见第二语言学习中的难点，并可通过对比分析的指导，通过讲练，克服难点，这就是对比分析中的"假设"理论。

对比分析理论在 20 世纪 60 年代开始受到明显的质疑。反对者认为，对比分析并不能解释所有的错误，有些错误与母语无关，也就是说，把外语学习者的所有错误都推到母语上是不公正的，也是不符合实际的。而且，对比分析认为可以预测学习者的错误的说法没有得到充分的证明，且难以实施。此外，有人认为差异和难度不属于同一概念，即差异的不一定都是难的，难的也不一定都是差异的。语言学家认为对比分析有片面性，缺乏系统性，在此形势下，一个新的、比对比分析更恰当、更确切的术语便应运而生了，这就是错误分析。

2. 错误分析

错误分析理论的一大特点是它视野开阔，即冲出了仅限于两种语言对比的圈子。它既尊重母语干扰的语言事实，又开始探索新的研究领域，即开始考虑母语干扰外的其他干扰因素、制约因素等。错误分析理论就是对比分析理论的深入与发展。

从时间看，20 世纪 60 年代后期语言学界提出错误分析理论，并逐渐取代对比分析理论。错误分析理论的创始人应为科德。20 世纪 70 年代是错误分析理论的兴盛期，此时语言学家在对比分析理论的基础上对其他致错因素，如已知目标语规则泛化、过分类推，即语内迁移现象进行了深入研究。

错误分析论者从错误量的分配上也对对比分析理论提出了挑战。错误分析论者认为学习者的大部分错误来自母语的干扰。有人认为母语干扰造成的错误占 50% 以上，有人认为占 47%，反对者认为并不超过 1/3，甚至有人认为只占 3% 左右。

从上面的统计数字能看出下面几个问题：

第一，母语干扰造成错误是共识，只是占的百分比各有说法而已。

第二，母语干扰造成的错误的多少没有一个统一的、大体一致的看法。

第三，母语干扰造成的错误不是外语学习者所犯错误的全部，肯定还有些别的干扰因素存在。

　　第四，学习过程是一个复杂的、受诸多因素同时支配、各种策略同时发生作用的过程。

　　利德尔伍德指出："学习过程本身的复杂性便宣告了统计数字的无效。"

　　事实上，错误的产生受多种因素影响。教学实践证明，母语的干扰，或称语间干扰、语际干扰，是错误产生的一个重要原因。学习者在不断学习的过程中，他的已知东西又多了一份，即已学到的目标语的规则与习惯。这些规则与习惯和母语知识一样会成为获得新知识的依靠。如果学习者过分类推或泛化已知目标语的规则与习惯也会造成错误。母语干扰和目标语泛化应是错误产生的主要根源。除此之外，教学方法不对，学生记忆与分辨能力不够，教材编写欠妥，目标语本身的复杂性，学习者所处的不同环境、不同学习阶段等都是错误产生的原因。错误原因的复杂性也带来了综合的错误分析的困难性。因此，在当今，无论从语言学角度还是从生理语言学、心理语言学以及教学法角度看，错误分析以及广泛些的外语学习中的许多问题现在还处在不断摸索中。

　　错误分析理论后于对比分析理论，也优于对比分析理论，但它并不排斥对比分析，在确定母语干扰形成的错误方面还离不开对比分析理论。从某种角度看，错误分析理论与对比分析理论有着紧密的关系，它是基于对比分析理论而发展起来的。

　　与对比分析理论一样，错误分析理论也是基于行为主义心理学和结构主义语言学。虽然错误分析理论在一定程度上可以消除对比分析理论的偏颇，但是错误分析理论对语言现象的分析，从外语学习动态观的角度来看，仍然是静态的分析，而忽略了认知在外语学习中的重要地位，这一点在乔姆斯基生成转换语言学和认知语言学出现以后更加突出。孤立的错误分析无法对学生的语言学习和学习策略的系统性、完整性和动态进行全面的反映。语言学家发现，学习者的错误是有规律的，这个规律构成了学习者的心理语法、内部大纲。这一切迫使语言学者致力于探讨既能克服对比分析理论的弊端，又能克服错误分析理论不足的新的理论。于是，一种新的语言习得理论——中介语理论便产生了。

二、中介语的起点与终点

　　关于中介语的起点现在有两种说法，一种观点认为中介语的起点是乔姆斯基所说的普遍语法，另一种观点认为是学习者的母语。普遍语法是基于人有先天的区别于动物的语言能力，是人有类似心、肝、肺的语言器官，它决定了人可以学会语言，包括母语和外语。正因为人类拥有这种先天的能力，才可以在此基础上学习语言，包括中介语。另一种观点是从心理语言学角度说的，认为母语是起点，外语学习过程是利用母语正向迁移克服负向迁移的过程。本文认为应将二者结合起来，同时应强调母语。理由是，语言能力作为起点是不言而喻的，这是人类共有的，是儿童和成年人共有的。但成年人学外语的基础不是白纸，他已有了一套完整的语言体系和语言实践能力，这些在外语学习时是起作用的。某种程度上说，外语学习是利用母语规则学习外语的规则，同时又利用目标语的规则排除母语规则的过程。目前，人们对先天的语言能力及普遍语法了解得还很少，在这样缥缈的基础上研究中介语显然有难度，而母语痕迹在中介语中的存在是事实。因此，本文认为，起码现阶段把中介语的起点放在母语上是切合实际的。这种观点也不排斥普遍语法，因为以母语为起点的研究也是建立在有语言天赋，或者说已具备普遍语法能力的基础上的。

对以母语为起点的中介语研究重视母语对中介语的影响，但也结合中介语的共性，即努力将二者结合起来研究，而不是将它们截然分开。中介语的终点是目标语，而起点到终点这一段漫长的路便是中介语。

第三节　中介语的理论系统

一、理论系统构建

（一）中介语理论起源

中介语理论的形成与发展具有一定的历史渊源，是基于以前的应用语言学和第二语言教学的理论。在中介语理论方面，中介语不但继承了运用语言学和第二语言教学理论的成果，而且还在新的历史条件下对这些理论成果进行了发展与完善。

20世纪五六十年代，比较分析法在应用语言学和第二语言教学中很流行。对比分析是指在语音、词汇、语法等方面，第二语言学习者将母语和其学习的第二语言加以对比，就会从二者的异同中找出第二语言学习所面临的语言障碍。学习者再通过某些教学手段，能够在语言学习过程中有效地预防和降低第二语言学习上的失误。对比分析理论具有一定的正向效应，而且在语言教学中也取得了良好的效果。但是，这种理论的不足之处在于否定了母语在第二语言习得过程中所起到的正向效应。在预测第二语言学习者的语言错误方面，对比分析理论也存在一定的局限性。

后来，对比分析理论被错误分析理论所替代。辛春雷指出："错误分析的心理学基础是认知理论，其主要目标之一就是要揭示普遍语法在多大程度上影响第二语言的习得过程。通过对学习者在学习第二语言的过程中所犯错误的系统分析，人们可以发现学习者对目标语的掌握程度，能为教师提供学习者如何学习或习得语言的证据，以便了解学习者所使用的学习策略与步骤。错误分析理论认为产生第二语言学习困难的主要因素是语言内部的结构和系统，并非母语的影响。"

（二）中介语理论与第二语言习得

在第二语言教学的过程中，对比分析理论和错误分析理论有着重要的作用，运用在外语教学上取得了良好的效果。然而，二者都强调了母语对第二语言习得的负面影响，而忽略了母语对第二语言习得的正向效应。

在 20 世纪 70 年代，兴起了中介语理论。它强调母语在第二语言习得中所起的双重作用，突破了对第二语言习得的正负关系，也突破了传统的对比分析、错误分析的桎梏，将第二语言的教学和研究推向一个新的高度。

1967 年，科德的论文《学习者错误的意义》（*The Significance of Leaener's Errors*）发表。他将过渡能力这一词，代表了学习者尚未达到的目标语的外语能力。1969 年，塞林克首次在论文《语言迁移》（*language transfer*）中使用 "interlanguage" 这个概念。1971 年，奈姆瑟的论文《外语学习者的近似系统》（*Approximative Systems of Foreign Language Learners*）在《国际应用语言学杂志》（*International Journal of Applied linguistics*）上发表，他的观点促进了中介语理论的产生和发展。1972 年，中介语理论正式创立的标志是塞林克的论文《中介语》（*Interlanguage*）在《国际应用语言学评论》（*International Review of Applied Linguistics IRAL*）上发表，他在这篇论文中详细阐述了中介语理论的相关内容。1992 年，塞林克在他的专著《重现中介语》（*rediscovering interlanguage*）中，又对中介语理论进行了系统的论述。

进入 20 世纪 80 年代，受社会语言学、心理语言学的影响，中介语理论进一步发展，产生了许多新的理论模式。其中比较重要的有艾力斯（Ellis）和泰荣（Torane）的"中介语可变模式"、美国应用语言学家舒曼（Schumann）的"文化适应模式"。

二、系统构造

（一）中介语理论系统概述

第二语言教学的理论系统在科德、奈姆瑟、塞林克等人的共同努力下，逐渐建立起来。

中介语理论的发展是基于对对比分析理论、错误分析理论的否定。对比分析理论和错误分析理论试图用两种不同语言的对比，找出共同点和不同点，为教师预测教学的难点和重点，避免错误的产生。王建勤指出："对比分析的理论方法存在的致命弱点，如果归结为一句话，那就是人们试图用简单的语言学的方法去解决复杂的心理学问题。"

第二语言教学不仅在语言传授和掌握过程方面很复杂，而且还是一个复杂的心理过程，整个教学涉及教学主体（教师）、教学客体（学习者）、语言环境、教学流程等方方面面的问题，涉及教师和学习者的心理、方法，绝不只是局限于语言本身。

中介语理论指出，学习者要想在二语学习的过程中完成从母语（L1）到目标语（L2）的修炼，即便是在没有干扰、没有偏误的前提下，也难以达到。母语规则的迁移和目标语规则的泛化将会伴随目标语学习的整个过程。这一过程导致了一种过渡状态的产生，这种状态逐渐接近目标语却又始终与目标语大不相同。这个中间的过渡过程被称为中介语（ML）。中介语与母语和目标语都有很大的区别，处在二者之间。

（二）中介语理论系统的特点

1.系统性

中介语是一种介于母语和译文之间的语言体系，如果学习者犯了错误，那么这种错误就不仅仅是孤立的错误，而是一种系统的错误。当有着同一种语言的人在一起学习不同的语言时，其中介语也会呈现出一定的共性和系统性。

2. 可变性

中介语并非一成不变，它的改变是无时无刻不在发生着，但由于学习者与目标语言的接触状况和频率的差异，中介语所呈现的进化、退化和僵化的表现和程度也是各不相同的。

3. 程度性

这是中介语的变化导致的，不同的学习者所拥有的中介语的水平也各不相同。在不同的学习阶段，学习者的中介语表达水平也是不同的，程度性也在语音、词汇、语法等方面可以体现出来。

科德、奈姆瑟、塞林克是中介语理论的主要代表。塞林克的理论在中介语理论中具有代表性。他说："由于我们可以观察到这两种话语（指中介语和目标语）是不一致的，那么，我们在建立第二语言学习理论的理论建构时，人们完全有理由，或者说，不得不假定存在着一种独立的、以可观察到的言语输出为基础的语言系统……我们把这种语言系统叫作中介语。"

塞林克进一步指出："在有意义的表达情境中，成功地预测这些行为事件，将使人们更加确信本文所讨论的、与潜在的心理结构相关的这种理论建构。"这种潜在的心理结构类似于乔姆斯基的"语言习得机制"。

塞林克列举了构成潜在的心理结构的五个心理过程：语言的迁移过程、由训练造成的迁移过程、目标语语言材料的泛化过程、学习策略、交际策略。语言迁移是其中的一个重要的心理过程，涉及母语在第二语言习得中的作用；由训练造成的迁移过程包括强化和引导；目标语语言材料的泛化过程是一种心理期待，相同材料的出现容易引起泛化，如英语动词的时态变化；学习策略指当学习者为了记忆某些重难点时，采取重复、复述等方法帮助记忆；交际策略指学习者在表达意义出现困难时，便借助手势、表情或用相近的词语表达等补偿策略。后来有人建议列入简化策略（simplification），即学习者为了在交际中表达意义，往往省略一些不影响交际的功能词。

科德为过渡能力和过渡方言作了说明，他区分了错误和偏误，指出错误不是系统性的，而是由诸如疲劳、遗忘等意外因素引起的。由此，错误在学习外语时就变得毫无意义。偏误是系统的，反映了学习者对目标语的认识和学习的全过程。科德把"输入"看作学习者对学习材料的"内化"，即"吸收"。

"外在大纲"的输入是由老师自己制定的，而"内在大纲"则体现了学生的语言体系是一个独立的体系。科德也提出了一种测试假设与转化架构，即学习者在与外界的语言输入发生冲突时，其自身的学习机制会产生一套由系统生成的过渡系统。当新的规则与现有的转换系统发生冲突时，新的规则会反馈给系统，对学习者的固有习惯进行修改。

（三）近似系统理论（approximative system）

奈姆瑟的"近似系统"是与目标语相关的。学习者的语言系统是一个不断变化的、与目标语系统相关联的系统。一方面，学习者无法立即与目标语的整体发生联系，而是逐渐地接受和消化，即 Lal、La2、La3……，其中 La 代表近似系统；另一方面，学习者自身的母语系统对其学习目标语也会产生干扰。奈姆瑟强调："近似系统是学习者在学习目标语时，实际运用的偏离的语言系统。"他的观点与塞林克不同，认为学习者的语言是一种"偏误"（deviant）。奈姆瑟的观点包括三个方面：

第一，学习者的语言是在一定时期内形成的一个较为确定的成果。近似体系具有与母语体系不同的内部结构。与目标语系统相比，"近似系统"所呈现的语言现象具有大量的、系统的、有规律的形式。

第二，在学习的各个阶段，学习者的近似体系是持续发展的。

第三，在同一时期，学习者之间的近似体系基本上是类似的，而学习者的近似体系又是有规律的、普遍的。

三、中介语语料库

（一）语料库基本概念

1. 语料库的定义

语料库（corpus，复数 corpora / corpuses）研究的出现与语料库语言学（corpus linguistics）的诞生是计算语言学（computational linguistics）与语言学发展的结果，也是信息社会发展的需要。

《语言学名词》于 2011 年发表，语料库是"为语言研究和应用而收集的，在计算机中存储的语言材料，由自然出现的书面语或口语的样本汇集而成，用来代表特定的语言或语言变体"。计算机语料库具有海量、真实的数据，使语言学家能够从多个层面描述语言，并对不同的语言理论、假设进行检验，甚至能将新的语言模型和语言观构建出来。

语料库并非语篇的简单堆砌或集合，它应具有以下几个基本特征：

第一，样本代表性。

第二，规模有限性。

第三，机读形式化。

语料库有不同的加工层次，被加工的语料库一般指标有语言学标记的语料库。未被加工的语料库被称为"生语料库"，加工过的语料库被称为"熟语料库"。使用标注正确率高的熟语料库更有利于研究自然语言。

随着语料库研究的发展，语料库语言学应运而生。学术界认为，"语料库语言学"这个术语其实有两层含义：

第一，运用语料库来考察语言的某些方面。语料库语言学并非一个新的学科，而是一种新的研究方法。

第二，以语料库中所反映的语言事实为基础，批判现有语言学理论，并将新的见解和理论提供给大家。从这一点来看，语料库语言学是一门全新的学科。

语料库语言学是语言学的一个分支学科，它将大量的实际的语言资料（文字或语音记录的转写）作为语言学描述、验证语言假设或语言统计模式的基础。这是一种基于语料库的语言学习方式和研究手段，包括：

第一，加工、标注自然语料。

第二，利用已标注的语料，对其进行研究与应用。

由此可见，目前学界已经倾向于认为语料库语言学是一门新的学科，而不仅仅是一种研究方法。

2. 语料库的类型

根据所选择的语料内容、选择的方式以及建设目的的不同，语料库的类型可以有不同的划分方法，比如通用语料库与专用语料库，同质语料库与异质语料库，动态语料库与静态语料库，共时语料库与历时语料库，第一代语料库与第二代语料库，书面语料库与口语语料库，等等。下面列出一些常见的语料库类型，并作简要说明：

（1）通用语料库（general corpus）

通用语料库又称一般语料库，是文本的集合。为了保证收集的语料具有广泛的代表性，对语料进行系统的采集，用于事先未指定的语言学研究。通用语料库应有平衡性（balanced），即语料库要收集不同类型、不同领域（包括口头或书面）的文本。通用语料库也被称为系统语料库（systematic corpus）或平衡语料库（balanced corpus），有时还被称为核心语料库（core corpus）。当然，严格说来，这些不同的名称之间还是存在差异的。

（2）专用语料库（specialized corpus）

专用语料库又称专门用途语料库（special purpose corpus），指用于某种特殊研究的语料库。它又可分为方言语料库（dialect corpora）、区域性语料库（regional corpora）、非标准语料库（non-standard corpora）和初学者语料库（learner's corpora）等。它还可分为书面语料库（written corpora）和口语语料库（spoken corpora）。在研究口语特征方面，口语语料库是一种非常有用的工具。口语语料库的建立既要收集大量的口语语料，又要对语料进行真实的采集和转录。

（3）异质语料库（heterogeneous corpus）

异质语料库是指大量搜集文字资料时，在没有预先设定任何选择的原则的情况下，尽量广泛地接纳各种资料。所收集的文本在形式与内容上不甚相同，而储存的格式则与以前的出版物完全相同。

（4）同质语料库（homogeneous corpus）

同质语料库是异质语料库的对立面，一般用于专业语料库。

（5）动态语料库（dynamic corpora）

动态语料库又被称为监控语料库（monitor corpora），用于观察现代语言的变迁。

与动态语料库相对的是静态语料库（static corpora），静态语料库只收集某一固定时期的共时语言材料。静态语料库建成后就不再扩充。

（6）共时语料库（synchronic corpus）

共时语料库指同一时代的语言使用样本所构成的语料库。与此相对的是历时语料库（diachronic corpus），指的是不同时代的语言使用样本所构成的语料库。共时语料库用来观察和研究某一时代的语言使用状况，历时语料库主要用来观察和研究语言的历时变化。对历时语料库进行分解可以得到多个共时语料库。

（7）平行／双语语料库（parallel／bilingual corpus）

平行／双语语料库指把两种语言中完全对应的文本输入计算机，通过分析对比找出两者的对应关系，可用于机器翻译研究。近年来还出现了多语语料库（multilingual corpus），如可以从网上免费下载的 European Parliament Proceedings Parallel Corpus（欧洲议会进程语料库）就收集了多达 11 种欧洲议会的多语言文集。

（8）第一代语料库（the first generation of corpus）

第一代语料库指的是从 20 世纪 60 年代到 80 年代所建成的一批语料库，这个阶段是以电子语料库的兴起为主要特征。第一代语料库规模相对比较小，大多只在百万词级。后来，语料库的发展以容量的不断增加和种类的不断扩展为主要特征。

第二代语料库指的是从 20 世纪 90 年代中期开始建成的上亿词级的大型语料库。

3. 语料库的加工

语料库的加工可分为两个方面：

（1）语料库的标注

标注就是使语料的某些单位（词、句、段落、篇章等）和表示对这些单位的某种层次的"理解"的知识信息（标记符）相关联。比如，汉语中的切词、词性标注、短语标注（树库标注）等。因此所谓标注，其实就是加工者添加其对语料库中的字、词、句等的理解信息。

（2）语料库的知识获取

语料库的知识获取指通过对语料库的处理，获得代表语料库中普遍现象的知识。它反映了语言中的某种普遍规律，比如组词造句的规律，具体可以表现为一些短语结构规则等。

4. 语料库的加工层次

语料库有不同的加工层次。对语料库可以进行下列加工并形成不同加工层次的语料库，如索引、主题标引、词的切分、词性标注、句法成分标注、语义信息标注、语用信息标注等。对语料库的加工还包括"预处理"。

语料库可以包含某个文本的全部，也可以由从某个文本中抽取的一部分构成。下面讲述语料库加工的不同层次：

（1）索引

①逐词索引

提供在语料库中每个词指定词性每次出现的相关信息。逐词索引记录了每个词形在语料库中每次出现的相关位置，据此就可以提供每次出现的上下文信息。

②关键词索引

提供出现指定关键词的文本、段落等信息。

就汉语而言，可以是以字为单位的逐字索引和关键字索引。

（2）主题标引

主题标引是指对文本内容进行主题分析，赋予主题词标识的过程。

（3）词的切分

词的切分就是从信息处理需要出发，按照特定的规范，对汉语按切词单位进行划分的过程。换句话说，就是将连续的字串按照一定的规范重新组合成词串的过程。

（4）词性标注

词性标注就是对切词语料中的每一个词赋予一个词性标注。词性标注与词的切分经常是由同一个系统来处理。词性标注的主要问题是对兼类词的处理，还有一个问题是对未登录词的处理。

（5）句法成分标注（句法分析）

句法成分标注就是平时常说的树库加工，对词性标注文本标注上句法成分的信息，也就是标注上主语、宾语、谓语、定语、状语、补语等，一般同时标注上这些句法成分是由什么样类型的短语（如名词短语、动词短语、形容词短语、介词短语等）充当的。

（6）语义信息标注（语义分析）

语义信息标注可以有不同的理解。一种是标注词义，一般在标注词性之后进行，给每个词语标注上词义信息，往往是义项标注，也就是通常所做的词义消歧。

一种是语义角色标注，一般在句法成分标注之后进行，给每个句法成分标注上语义信息，如施事、受事等。

（7）语用信息标注（语用分析）

语用信息标注是对文本标注上相关的语用信息，如话题、述题、话轮、省略成分等，为语用分析服务。它可以在生语料的基础上进行，也可以在熟语料的基础上进行。

（8）特定语言模式的标注

特定语言模式的标注是根据研究需要，标注上研究者所需要的相关信息，如未登录词的标注、专有名词的标注、最大名词短语的标注等。

其实这就是说，研究者可以根据自己的研究需要进行几乎任意的语言信息标注。比如，可以标注一个句子的长度、一个句子的类型（包括句法类型和功能类型等），或者标注出一个句子的主要动词以及它的主语、宾语（或者施事、受事）、状语类型等。

5. 语料库的标注原则

加工、标注语料库时应遵循一些基本的原则。对此，英国语言学家、哲学家、政论家杰弗里·利奇（Geoffrey Leech）曾提出了有标注的语料库应满足的七条基本原则。

（1）所作标注可以删除，恢复到原始语料

这主要是为了保证语料能得到充分的利用。原始生语料库的建设也需要花费大量的人力、物力和财力。只有保证原始语料的可恢复性，才能保证生语料库的复用性。语料库因为使用目的的不同，采取的标注方法也有所差异。

（2）所作标注可以单独抽出，另外存储

这个原理实质上和第一个原理是一致的。从这一点可以看出，在语料库中标注语料时，要将语料的灵活性尽量提高。因此，如果有可能，最好把原始语料和标注信息分开存储在不同的文件中，然后通过专门的软件进行阅读、编辑和管理。

（3）语料库的最终使用者应该知道标注原则和标注符号的意义

根据该原则，大多数语料库都配有详细介绍标注原则和标注符号意义的手册，供使用者参考。手册一般应该包括下列内容：

①标注规范，即标注所用标准的描述和解释性文档。

②记录标注者、标注地点和怎样标注的文档。

③由于标注通常会出现差错、不一致或歧义现象，因此应当有关于标注质量的说明，例如语料库的标注结果被校核到什么程度，它的精确率有多高（被判断为正确标注的百分比），标注的一致性达到什么程度等。

不过，实际上在目前公开的语料库中很少能见到这么全的文档。

（4）说明标注是什么人用什么方法做的

比如是人工标注还是计算机标注，是一人标注还是多人标注。

（5）应向用户声明语料标注并非绝对无误

语料标注仅仅是一个有用的工具。不管是人工标注、计算机标注，或者是将这两种方式结合起来，都有可能出现标注上的差异，甚至是错误。由于标注的过程其实就是用来说明语料库中的语言单元的特性，所以，人们对它的解读也不尽相同。即便是同一个人，对同一语言单位的特征的理解，也会随着时间的流转而改变。

（6）标注模式应尽可能中立

在标注时，要避免使用特定的、使用范围狭窄的特定语法理论，以便于语料库的使用。

（7）任何标注模式都不能作为第一标准

即便有很好的标注方式，也只有在大量的对比和实践中才能获得。目前，国际上尚无公认的标注方式。

这七条原则，概括起来就是最大可能地方便加工者和使用者。语料的标注和语料的利用是一对矛盾。从用户的角度，语料标注得越详尽越好，而标注者则还需考虑标注的可行性。因此，任何标注模式都是在二者之间求得的一种妥协的产物。

6.语料库的加工技术

在语料库加工的过程中，运用到的主要技术手段包括以下几个方面：

（1）多元语法（N-Gram）模型

N-Gram 是一种算法，它是以统计语言模型为基础的。它的基本思想是将文本里面的内容按照字节进行大小为 N 的滑动窗口操作，形成了长度是 N 的字节片段序列。

Gram 是每一个字节片段的名称，在文本的向量特征空间的含义里，Gram 负责统计所有出现的频度，并且按照事先设定好的阈值进行过滤，形成关键 Gram 列表，也就是这个文本的向量特征空间，列表中的每一种 Gram 就是一个特征向量维度。

这个模型建立在以下假定上，第 N 个单词仅与前一个单词有关，与其他单词没有关系，整个句子的发生概率是组成这句话所有单词发生的概率的乘积。这种可能性是由对 N 个单词在同一时间出现的数据进行统计而得出的。常用的是二元的 Bi-Gram 和三元的 Tri-Gram。

（2）马尔可夫（Markov）模型

马尔可夫模型是一种基于概率和随机过程的理论，利用随机数学模型，对物体的发展和演变中发生的数量关系进行统计分析的方法。

它在语音识别、词性自动标注、音字转换、概率文法等自然语言处理方面得到了广泛的应用。经过多年的发展，在语音识别方面取得的成果尤为突出，它已成为一种具有普遍性的统计手段。

（3）概率上下文无关文法模型

概率上下文无关文法模型是指上下文无关文法规则系统中，将统计法引入，从而得到新的文法规则。当前关于这一模型的语法研究，大多是围绕着如何打破这种独立的假设而展开的。通过将这些假定逐渐地放宽，可以极大地提高分析的正确性。

（4）统计机器翻译模型

统计机器翻译模型是一种机器翻译，在无限制的范围内，它是一种更好的机器翻译。统计机器翻译的理论基础是通过统计分析大量的平行语料，建立统计翻译模型，进而使用此模型进行翻译。如今，已经从早期基于词的机器翻译过渡到基于短语的翻译，并正在融合句法信息，以进一步提高翻译的精确性。

（5）互信息

互信息是一种用于分析两个物体间的交互作用的计算语言模型分析法。在筛选问题时，以度量特征来识别各种主题。互信息类似于交叉熵。互信息是信息论中反映两种随机变量的统计相关性的一个概念，利用互信息原理进行的特征抽取是建立在以下假定基础上的：某个类别在一定范围内出现的次数较多，而在另一种类型中出现的次数较少，此时这两者则具有更大的互信息。一般将互信息用来测度特征词与类别，当特征词属于这一类时，其互信息的数量是最多的。由于这种方法无须假定属性词与类型间的关系，所以它很适用于文字分类中的特征和类型。

（6）熵

信息理论中的信息随机平均量的描述是由熵来表示的。由于信息的长度越长，信息的容量就越大，因此通常采用熵率来进行对比。字符熵或词熵是熵率的另一种叫法。

一般而言，交叉熵越小，模型性能会越好。语言模型的评价也可以计算困惑度，同交叉熵的度量结果没有区别。

（7）聚类

聚类是将样本划分为由类似的对象组成的多个类的过程。聚类之后，我们可以更加准确地在每个类中单独使用统计模型进行估计、分析或者预测；也可以研究不同类型之间的差异。聚类算法常见的有 K-means 聚类算法、系统聚类算法、DBSCAN 算法。

（8）共现统计

共现统计，即对不同信息载体中存在的共现信息进行定量化的分析，从而揭示出信息的内在联系以及所包含的意义。文献的内外特性也包含在特征项中。

（9）平滑方法（解决数据稀疏）

平滑方法，即对已有的实测资料和已有的预测资料进行加权平均。这种方法能更贴近实际的预测。光滑法是一种特殊的趋势法或时间序列法。

（10）EM 参数估计方法

EM 参数估计方法是含隐变量图模型的常用参数估计方法，通过迭代的方法来最大化边际似然。概率模型有时既包含观测变量（observed variable），又包含隐变量（latent variable）。当概率模型只包含观测变量时，那么给定观测数据就可以直接使用极大似然估计法或者贝叶斯估计法进行模型参数的求解。然而如果模型包含隐变量，就不能直接使用这些简单的方法了。EM 算法就是用来解决这种含有隐变量的概率模型参数的求解。

（11）韦特比（Viterbi）算法

韦特比算法是一个特殊但应用最广的动态规划算法。利用动态规划，可以解决任何一个图中的最短路径问题。它之所以重要，是因为凡是使用隐含马尔可夫模型描述的问题都可以用它来解码，包括今天的数字通信、语音识别、机器翻译、拼音转汉字、分词等。

（12）动态规划

动态规划的关键在于把大问题分解成若干个小问题，然后逐步得到最好的求解方法。这种方法与分治算法相似，把一个问题分成几个小问题是其解决问题的基本思路。

（13）有限状态自动机理论和模型

有限状态自动机理论和模型的研究方向是有限内存的计算过程。有限状态自动机所具有的数目也是有限的状态，每一个状态都可以向零或更多的状态进行变化，而可以决定迁移的状态的是输入的字串。有限状态自动机可以用有向图来表达。自动机理论是以有限状态自动机为研究对象的。

这些技术手段的具体操作都需要比较专门的知识与技术。语料库加工的主要困难有三个方面：一是数据稀疏问题，二是歧义问题，三是语言模型本身的精确度问题。

7. 语料库的应用

语料库在语言学研究中的作用是多方面的，最主要的就是提供丰富多样的语言实例，当然，其应用远不止于此，本文仅简单提及一部分。

（1）频率统计

频率统计主要分为字频统计和词频统计两个方面。

早在语料库概念还没有产生之前，在我国就已经有学者通过语料库统计的方法来研究汉字的频率，其目的在于研制基础汉字的字表。《现代汉语字频统计表》是专门为了统计字频而进行研究的成果。该研究成果是从 1977 年到 1982 年间社会科学和自然科学的 1.38 亿字的材料中抽取 1108 万余字利用计算机统计而成的，共有 13 个汉字频度表，分别按降频次序和汉语拼音字母次序排列。

（2）词汇研究

语料库可以为语言研究者提供大量真实准确的例句。这方面的研究有很多，比如为词典编纂家提供实例，为研究某个句法现象提供实例等。这样可以更准确地把握某个词语的语义及用法。

（3）语言教学

语料库中的语料都是人们在现实生活中所用到的语言，而这些素材都是从真实的文字和口头文字中提取出来的，是语言在现实生活中使用的一个客观例子。通过对这些资料的分析，我们可以找到一些现存的语文教材中的问题。

因此，汉语语料库在语言教学中可以有两个方面的应用：一是为学习者提供丰富的汉语学习实例，二是从汉语学习者语料（中介语语料库）中发现教学中存在的一些问题或者需要注意的方面。

（二）语料库语言学

1. 基本概念

语料库语言学（corpus linguistics）是一个独立的学科，它的理论体系和运作方式是非常独特的。语料库语言学以大量的真实的语言资料为基础，对语料库进行了系统的、全面的观察和总结，其成果对于语言理论的建构是不可替代的。但也有人认为，语料库语言学不是语言学的另一个分支，它是一种以大量真实语言为基础的研究方法，它可以用来解决传统语言难以解决的问题，使现有的研究方法数量得到极大的发展。语料库语言学的研究对象是收集大量的真实文本（authentic texts），得出结论的方法是以概率统计的方式实现的。因此，实证性（empirical）是语料库语言学的本质特征。

2. 相关争议

语料库语言学已经发展了相当长的一段时期，它的研究方法和理论也逐渐完善，但是仍然存在着许多问题。例如，语料库语言学有着怎样的学科地位？它是一个单独的科目吗？这就导致了许多不同的意见。又如，语料库语言学在对"语料库驱动"和"基于语料库"的研究范式上也存在分歧。今后语料库语言学的发展方向是值得研究者深思的问题。

（三）语料库的中介语研究价值

1. 语料库研究历史及应用

语料库的载体是电脑，人类语言知识的基本资源都是语料库在承载着，它储存着现实生活中使用的真实存在的语言资料，这些材料再由人进行加工，最后转化为可用于分析和使用的基本资源。1963 年，美国的布朗家族的语料库（Brown

Corpus）建立，该语料库是从 1961 年在美国出版的 500 种刊物（小说、期刊）中抽取了大约 100 万个单词，然后根据布朗大学的书籍类别进行了目录分类，层次分明，系统完备，按照两大类别将所有的语料库进行划分，然后再进一步细分，就像蜘蛛网一样，由中心向外扩散。我国的中介语语料库是从布朗家族语料库中得到启发的。布朗家族语料库的建库方法、选材等都是国内中介语语料库的重要参考。

中介语语料库的研究对象是那些母语不是汉语的语言所拥有的书面学习资料，学习者的书面语将会被电脑完整地记录，并进行分析，从而得到在学习汉语时，学习者所产生的个别或综合的信息，丰富国际上中文教学的理论依据。从语料库的客观分析中得到的结论具有很高的可信度，与以前仅靠"语感"就得出结论的语言研究有很大的区别。

1993 年，我国构建中介语语料库的设想正式提出，然而在语料库成立之前，搜集整理语料的工作，仍旧存在着以下局限：

第一，留学生的病句、错句也成为收录的语料；语料收集的完整度不高。

第二，由于语料收集不成系统和规模，可能导致得出的理论存在一定偏颇。

1995 年，北京语言学院建立了第一家中介语语料库，汉语语料库的研究空白终于被填补，在汉语作为第二语言教学领域里取得了开创性成果。

语料库是一种具有广泛应用价值的新的研究方法。首先，它能够将学生的口语和书面语尽可能全面地搜集起来，作为研究的素材，以此作为语料提供给国际上的中文理论研究；其次，在充分占有语料之后，语料库可以为教师的教学和学生的学习提供教学资源；再次，基于语料库而衍生的语言学科，既能支持语料库的研究，也能为社会学、历史学等领域的研究提供一定的借鉴；最后，语料库建设、研究的手段通过数据分析统计软件和语音转写软件开发的研究，获得了极大的丰富，可以有效地减少语料库建设所需的人力、财力。

2. 中介语语料库国内研究重点

（1）中介语语料库国内研究重点

①语料库建设

"语料库建设"这一课题从我国第一个中介语语料库建立以来，逐渐成为关注的焦点。我国著名的中介语语料库（已经建成并向公众开放）中，北京语言大学的 HSK 动态作文语料库，对 1992—2005 年期间 HSK 考试的一些学生的作文材料，总计 11 569 篇、424 万字做了收集。该中介语语料库是目前国内最大的。暨南大学的"外国中介语语料库"具有以下特征：能够通过单词间的间距来进行查询，例如"不但"和"而且"相隔 5 个单词。中山大学的中介语语料库囊括了汉字偏误标注和字、词、句偏误标注两种类型。这一语料库的一大特色是错字语料库，用户可以通过中山大学中介语语料库来查找错字的使用情况。台湾师范大学的台湾师大汉字偏误库，汉字的繁体字在该语料库中可以进行查询。

②基于语料库的研究

有学者对国内中介语语料库使用 CiteSpaces5.0 做了可视化的分析。从发表时间、期刊分布、发表机构等几个角度来看，得出了"2013 年开始，关于中介语语料库的论文数量急剧增长，发文机构、作者相对集中"，"偏误分析与习得研究、语料库建设研究和基于国别化的学习者研究是该领域发展的三大热点"等结论。第二语言学习者在学习目标语过程中所出现的偏误是偏误分析与习得研究的侧重点，而关于语料库的构建的研究主要集中在合理地构建中介语口语和书面语语料库的方法上。对学习者研究以国家来划分，则是为了对各国的汉语在学习时产生的不同偏误加以区分的方法。汉语"中介语语料库"的建设在 2015 年达到了顶峰。把"对外汉语"作为关键词在中国知网（CNKI）上进行检索，发现从 2015 年 1 月 1 日到 2020 年 11 月 20 日，共发表论文 250 篇，年均增长量远超过去（1993 年 1 月 1 日至 2014 年 12 月 31 日）。

③语料库检索、分析软件的开发

在语料库建设完成后，如何对其进行充分利用，已成为当前的一个重要课题。对于不了解语料库的人来说，要想做与语料库有关的工作，必须要有很好的电脑技术。其实，怎样将语料库作为一种工具进行使用才是关键，并在研究其他事物时能够让语料库提供相应的帮助，所以大多数的用户都希望语料库的功能不复杂、易于上手，但又很强大。目前在国内，比较热门的软件是 AntConc、PowerConc 等。以 AntConc 为例，该软件有以下优点：一是对电脑专业知识的要求不高，大多数人都能快速掌握；二是关键词列表能在输入文本后产生，对词频进行统计，并能自动存储；三是基础检索和高级检索共同构成了检索项，使用者对检索级别的查询可以根据实际需要来进行。

（2）中介语语料库国内研究特点

部分学者提出，从 2018 年开始，我国的中介语语料库可以划分为 1.0 和 2.0 两个阶段。1.0 阶段是中介语语料库的基础阶段，在这个阶段，语料库中存在着海量的语料，但是受电脑技术等条件的制约，无法将现有的语料进行有效的处理和转换，使其更为规范化，所以是一种"粗放型"的语料库。从 2018 年 1 月起，对海量复杂的初始文字资料进行了计算机语言的处理，工作效率被极大地提升了，中介语语料库也是在此时正式迈入 2.0 阶段。2.0 版本在延续 1.0 版本的优点的同时，对用户体验进行了重点优化，系统的稳定性也得到了提升。

目前国内的中介语语料库建设还有以下几个特点：

①语料来源方面

一是来自老师在对外籍学生开展教学时所搜集的书面作业；二是来自学生在实践中所搜集的材料。

语料库在这个过程中会表现出如下特征：大多数语料都是以书面语的形式由学习者表达出来的，例如造句、写短篇作文等。初、中级学习者是语料库语料的主要来源，因为现在的汉语学习者中，初级和中级水平的学习者数量居多，而零基础和高级水平的学习者数量则相对较少。大部分的语言材料都是从不同年级的学生中搜集的，很少有对特定的学生进行跟踪研究。

②建库方面

目前，我国大多数中介语语料库都是以书面语料库为主，很少有语料库能够搜集、整理和研究学习者的口语。暨南大学是国内最先建立口语语料库的，但目前还没有向公众开放。语料库的重要性还未曾被大多数的国际中文老师认识到，而一线教师如果不去搜集材料，就会造成大量的语料丢失。

③其他方面

而以语料库为基础的研究只局限在偏误分析、中介语研究等几个领域。目前，我国能够提供汉语中介语检索的软件数量还很匮乏，致使辛苦建立的语料库由于"不好用"而遭到抛弃，未能实现建库之初的目标。

（3）语料库建设对语言教学的影响

尽管目前我国的中介语语料库的建设与利用仍有许多工作要做，但是，它的建立必将对语言专业的教学产生积极的作用。

①对语言专业学术研究的影响

构建中介语语料库能够为语言学科的发展提供一定的理论依据和数据支撑。语料搜集、语料库建设、语言教学是一个良性的循环，教学中搜集到的语料可以为语料库的建设提供参考。此外，该语料库所用的语料均是真实的书面语或者口语材料，为相关学者的教材编写活动提供了切合实际的素材。因此，国内的中介语语料库建设还有着光明的前景。

②对教学者的影响

在教学过程中，教师可以将语料库当成"在线词典"来使用，如果出现语法上难以解释的问题，则可以通过语料库中的材料进行分析。如采用图画加语料库的方法，可以使学生更充分理解知识点。此外，在教学过程中，教师可以自觉地将语料库用于教学实践，并在一定程度上培养学生的自主学习能力，从而提高教学质量。

③对学习者的影响

在掌握语料库的情况下，学生可以通过经验总结、归纳、纠正学习的知识，再由教师进行纠正，这就能够使学生的学习兴趣被调动起来，促进教学效果的提升。

学习者在进行学术研究时，可以通过查询中介语语料库，找到自己观点的理论支持（例如，韩国留学生可以在韩国找到相关的语料），并在总结前辈学习的过程后，形成一种适合自己，甚至是适合本国留学生的学习方式，从而为本国的留学生对汉语的学习打下基础。

④对于国际中文专业相关软件开发的影响

评估一门学科的研究潜力与实用价值，取决于其是否具备相应的理论与技术支持。我国中介语语料库至今已经有20多年的历史了，其进步与计算机技术的发展息息相关。正是因为各种统计、分析、转写软件技术的不断发展，使得在语料库的构建中，软件技术扮演着无可取代的角色。从建设语料库需要用到的HunAlign、WinAlign等工具，到检索语料库用到的AntConc、PowerConc等软件，基于计算机软件技术的不断发展，语料库的建设也是日新月异。但是，由于语料库的建立发源于国外，许多的理论和软件都是国外开发的，并在自己国内率先应用，因此我国的语料库建设很难用到国外的软件技术。目前，我国的中介语语料库在编写、输出、检索等方面仍存在大量的技术空白，需要我们不断填补。只有对相关的软件进行不断的优化和更新，使其能够更便捷、更经济地运用在语料库建设和使用过程中，才能为国际中文教学和我国的语料研究做出有益的贡献。

四、中介语语料库建设

（一）中介语语料库建设标准

1. 语料搜集标准

语料搜集标准是研究搜集什么样的语料、怎样搜集的问题。说到这一问题，语料的均衡是首先要解决的。如何才能使这个概念得到科学的平衡？究竟是寻求"理想的绝对均衡"，还是采取分层取样的方法来实现"实事求是的均衡"，目前学术界的观点不一，需要进一步地探讨，并以此作为衡量均衡的具体标准。还有许多类似的问题，学界中存在着较大的分歧。关于这些问题的不同处理方法，反映出不同的理解、原则和理念。比如，HSK 动态作文语料库仅搜集学生自己所写的成篇语料，并未搜集到造句；这其中有输入的资料，还有扫描的资料。这个数据库的设计者做这一点，是因为他十分重视语料的真实性：学生在标准化测试中所产生的文字材料最真实地体现了汉语的书写能力；扫描格式的原始语料不仅可以验证语料的真伪，还可以为汉字的学习提供素材，便于学生对汉字进行调查和研究。同时，在纵向语料库的搜集中，资料的采集频率与时间的长短间隔也是值得认真考虑的重要问题。而口语语料、多模式语料等方面的实践经验都十分匮乏，尤应作为本项研究的重点。

2. 语料背景信息搜集标准

语料是建立语料库的先决条件，语料库的建立必须以语料为基础。然而，仅有语料而相关的背景资料是缺失的，则会丧失对其进行分析的依据和价值。要想充分、高效地利用这些语料，必须从语料库的角度思考，对语料库中的语料进行搜集。从语料库的现状来看，通常可以把语料作者的一些背景资料以及语料本身的一些资料提供给大家。就搜集方式而言，问卷调查是一种有效的搜集学生资料的方式。问题在于，有的学生会为了维护自己的隐私而拒绝合作；而一些关键的信息，如学生的母语信息，则在学校的学籍管理和教学工作中难以找到。因此，如何让学生愿意合作，并能更好地搜集到相关的资料，就成为迫切需要解决的问题。

3. 语料录入标准

如何将文字资料输入计算机，并对其真实性予以保证。这看起来很简单，但实际上却不易解决。比如，如何处理语料中的错字。对于错误的文字、计算机无法输入时应该怎么处理？造字程序进行的仿造，文字变形过大，已经失去了汉字的原貌；而直接输入正确的汉字，则彻底丧失了"中介汉字"的特征；采用摄影方法进行错字的嵌入，能取得较好的效果，汉字的原始面貌也能够充分体现出来，但是过程复杂，处理速度缓慢；虽然可以通过扫描语料保存中间的汉字，但是在输入和扫描两个版本中，错字的位置很难找到，而且使用起来也不方便。到底该怎么解决，是一个迫切需要研究的问题。又如，在语料库中，行款格式出现偏差时，该怎么办？因此，研究和制定标准是必要的。

4. 语料转写标准

如何将口语和多模态语料输入计算机，以使其真实性得到保证，在这一研究方向上，还有很多问题需要解决，比如口语语料的长短不一以及语料停顿的异常，都为正确地处理增加了难度。视频素材中的身体语言该怎样处理？在口语语料库中，转写与语音标注之间的联系是怎样的？翻译和语音标注应该同时进行，还是分成两部分进行？这些都需要进一步地研究，并且应该有一个统一的标准。语料转写的真实原则、标注完整原则、正确判断标注内容等原则，虽然是面向英语学习者的口语语料库，但在构建汉语中介语的口语语料库时，同样具有一定的实用性。

5. 语料标注原则

语料库的建立有一个非常关键的步骤，那就是语料标注。语料标注研究的主要内容是标注模式，其内容体现在标注原则、标注内容、标注方式、标注代码、标注流程等方面，非常繁杂，不可能在建设标准的过程中得到彻底的解决，必须进行专项研究，最终形成标注规范。但在建设标准中应该明确标注的基本原理，比如标注的科学性、系统性、规范性，通用语料库的全面性，语料库建成后向使用者发布的标注错误率等。语料标注的全面与否，直接影响到语料库的构建，也直接影响到语料库的作用与实际应用价值，因此，如何正确地把握这一原则，目前学术界仍有分歧。对于这个问题，我们应该怎样去认识和看待，还需要更多地研究和探讨。在语料库的构建过程中，学者们对分词和词类的标注也有不同的看法，因此还有待进一步研究。

6. 语料呈现标准

具体而言，在语料库的检索和呈现上，要做到让使用者在检索语料时能轻松、快速地获得语料，并能清晰地理解语料。比如，语料库的检索功能可以按照能够提供一个条件或者多个条件进行检索的方向来设置，而且具有很强的多条件检索能力，便于用户查询。材料可以是单句，也可以是复句，或者是段落。无论材料是何种形式，都应该能将单个、多个甚至是所有的背景信息显示出来。所检索的资料不仅可以在网上进行查询，而且应该提供本地下载的功能，给使用者带来更多、更大的便利。而口头和多模态的语料库，可以以音频、视频、文字三种方式分别呈现，当然也可以同时呈现。

7. 语料库使用标准

建立后的语料库应当如何利用，这也需要考虑。比如，语料库是否可以给学术界和社会提供公开服务？局部开放还是全部开放？采用收费模式还是免费模式？这些问题的本质就是语料库的资源共享问题，特别是在现有的中介语语料库甚至是母语语料库的使用上，很少见到免费开放的。自建立 HSK 动态作文语料库开始，就有人在呼吁向学界免费开放语料库，后来语料库相继建立，又有人呼吁向全世界提供开放服务，让所有人都能免费地访问和阅读。然而多年来，这样宣传和号召的效果非常有限，目前只有北京大学、中山大学、暨南大学华文学院等实现了对公众开放。因此，只通过宣传和号召来实现资源共享的目的是十分困难的，必须对现有的语料库使用进行规范，并采用行之有效的方法使语料库的开放和资源共享得以实现。

8. 隐私标准

语料库既要为教学提供服务，又要对相关的研究提供服务，并且在提供服务的同时，使作者的个人隐私不被泄露。那么，该怎样处理作者姓名以及语料中所出现的姓名等个人资料？这些信息能否在语料库中公开？多模式语料库中的角色是否可以呈现？如何与有关的学生处理涉及自身隐私权与肖像权的问题？这些敏感的问题如果处理不当，会导致法律上的争端。这样的情况是我们最不愿看到的，必须从建设规范的研究入手，从根本上解决这个问题。

9.语料库管理程序和检索系统标准

查询系统的简练、友好，直接关系到语料库的利用率和利用效率，也是汉语教师、学习者、研究者能否享受到语料库的优质服务的重要因素。关于计算机辅助标注工具所采用的语言，目前 XML 已经成为国内外通用的母语语料库规范，但还没有在中介语语料库的建设中得到广泛的运用，这对语料库的资源共享是不利的，必须加快改进的脚步。电脑软件开发者的共同努力仅仅是推进这一目的实现的一条路，还需要建立规范来促进与推动。

10.语料库建设质量标准

从什么角度、用什么方法来控制语料库的建设质量也是需要研究的。在当前的语料库构建和研究中，该问题一直是一个薄弱环节，在学术界没有进行过深入的探讨，具体的结果也非常匮乏。语料库的资源共享情况与此有着很大的关系：免费开放的语料库数量本就稀少，而研究人员可供使用的语料库也就更少，更不用说它的品质了。但是，低质量的语料库在实际的研究中起不到任何实际作用，反而会使研究结果产生偏差。所以，语料库建设质量的标准迫切需要深入地研究。

（二）国内语料库建设研究

1.国内中介语语料库现状

从语料库设置的角度出发，由于研究目标的差异，各个大学的语料库设计的侧重点也不尽相同。语料来源选择与语料搜索是区别最大的部分。比如暨南大学的口语语料库，主要研究的是外国人学习汉语的口语能力，所以它的语料都来自学习者的日常口头表达，并附有录音，研究者在实际应用中可以依据学习者国家的不同和学习程度的差异进行选择。这为研究者在语料文字与相应语音之间的对比研究提供了便利。但是，整个语料库中缺少对原始语料的标注以及相应的使用说明，而且仅限于网上使用，没有为用户提供下载、统计等服务。这就是在未来的研究中还有待于进一步完善的地方。

其他语料库的语料来源也不同。有些是从国外考生的作文中摘录的，比如动态作文语料库；有些语料库是专门研究汉字连续偏误的，因此语料库选取的语料都是有错误的语料，比如汉语连续语音语料库。这两个语料库的设计都是为了便于使用者检索，从而丰富了检索的条件。但是由于两种语言的设计理念的差异，导致两种语言的检索标准不尽相同，从而造成了语料库的建立没有统一的规范。

在设计动态语料库时，要充分考虑到数据统计因素，而汉语连续语音语料库中汉字偏误标注可以同时设置几个关键词，还能选择几个关键词之间的间隔。这既是每个数据库的特点，也是各数据库在设计和开发过程中遇到的困难。

2.汉语中介语语料库开发的新进展

（1）中介语口语语料库

其实，许多学者都在研究如何使中介语语料库的建设能够更加完善。杨翼、李绍林、郭颖雯等根据目前中介语语料库的研究成果，提出了构建汉语口语语料库的初步构想，期望汉语学习者口语语料库的开发能够弥补汉语中介语口语语料库研究的空白，从而为汉语口语教学、口语中介语、口语测试研究提供一个好的平台。暨南大学现有的口语语料库和原始的语音资源是他们的优势，但在语料筛选、语料标注、数据统计等方面仍有待改进。因此，汉语中介语语料库的建设仍然是目前我国中介语语料库建设的重点。

（2）中介语语音语料库

目前，在中介语语料库的构建上，对语音语料库的构建尚属空白。曹文和张劲松两人提出了汉语中介语语音语料库的创建和标注，并对其进行了研究。他们认为，"电脑辅助语音正音"是对"电脑辅助语言学习"在语音教学中的进一步完善和深化。但是，从整体上讲，教学功能依旧偏弱。为此，必须建立汉语中介语语音语料库，将更高质量、更为丰富的资料提供给中介语语音研究、对外汉语语音教学。

（3）综合性语料库

近年来，一些学者将目光投向了世界各地的汉语学习者，提倡在学术界的合作下，建立一个庞大的汉语中介语语库，崔希亮和张宝林就对建立汉语学习者语料库进行了大胆的设想。然而，我国的中介语语料库的构建至今还没有一个统一的规范，要在这种情况下构建一个大型的语料库，很难做到兼具真实性、平衡性、系统性、动态性、便利性于一体。所以，要建成针对全世界汉语学习者的语料库，还有很长的路要走。

3.中介语语料库的加工和管理技术的研究进展

（1）语料标注

黄昌宁、李涓子等人对语料库标注的六大准则进行了研究。这一研究课题是从语料库中的语料标注入手，探讨了六个准则。中介语语料库是语料库的重要组成部分，但这六个准则是语料标注在理论上应当遵守的。然而，在现实生活中，我国在建设中介语语料库时很难真正遵循这六个准则，要么缺少基础的标注，要么就是新的语料与标注发生了融合。这就是我们今后在保存现存的语料库时要注意的问题。而在未来建立的中介语语料库中，要从六个方面着手，力求在遵守六个准则的前提下进行语料标注。

（2）计算机技术与语料标注的结合

由于当前中介语语料库与计算机技术有着紧密的关系，许多学者在使用电脑研究语料库的时候，语料标注的问题经常会遇到。曹文和张劲松在论文中对汉语中介语音库音段标注的标准进行了举例，为今后的研究工作奠定了坚实的基础。另外，王洁还提出了汉语在电脑上识别文法偏误时存在的标注问题，并提出了电脑标注应与手工标注相结合，两者相辅相成，从而充分利用电脑在识别汉语语法偏误时的强大功能。张瑞朋曾经举例说明中山大学汉字偏误的中介语语料库，指出学校在标注错字时，往往会用创造错别字，并以图片的方式保存下来，方便日后的复制、打印、检索等编辑工作。崔希亮、张宝林、施春宏等学者都曾针对语料标注的问题在各自的论文中进行讨论。因此，语料标注的研究一直是中介语语料库研究的重要组成部分，尤其是近年来，语料库语料标注的地位愈发重要起来。

第四节　中介语在外语教学中的研究

一、中介语理论的引入

在我国，二语习得研究起步比较晚，尤其是有关中介语的研究，直到 20 世纪 80 年代初才被引入中国。鲁健骥教授是最早把中介语理论引入我国学界的，他在 1984 年发表了《中介理论与外国人学习汉语的语音偏误分析》一文，并首次使用了"中介语"和"偏误"两个概念。中国学者对于中介语的研究大体可以归纳为两个方面：一方面是对外汉语教育者对外国学生学习汉语时所产生的中介语的研究，比如英汉中介语研究、德汉中介语研究等；另一方面是外语教育者对中国学生学习外语时产生的中介语的研究，如汉英中介语研究、汉俄中介语研究等。

（一）对中介语理论的进一步介绍与探讨

在 20 世纪八九十年代对中介语介绍的基础上，对中介语理论的介绍和探讨在 21 世纪得到了学者们的进一步关注，对中介语理论的认识也进一步加深。中介语理论的内容也在这场讨论中得到丰富，这包括对第二语言习得中的中介语研究的综述和评价，对中介语的来源成因和产生模式的研究等，代表性的文章有王永德、盛永生的《第二语言习得的中介语理论述评》，尹洪山的《中介语语言能力观述评》，宋华玲的《中国中介语研究 20 年述评》，耿晓华、汤磊的《中介语理论浅析》，王改燕的《中间语与第二语言习得过程》，彭宁红的《二语习得过程中的中介语现象》等。

也有的学者从认知、心理的角度探讨中介语产生的原因和基础，这方面的文章有：戴炜栋、蔡龙权的《中介语的认知发生基础》，刘利民、刘爽的《中介语产生的语言心理原因》，陈静的《中介语产生根源探究》等。

（二）对中介语特点、表现、教学对策及方法的探讨

在中介语的特点方面，中介语的灵活可变为二语教学的发展和教学手段的不断完善奠定了基础。这方面的研究有：阮周林的《中介语可变性研究综述》，张雪涛的《第二语言习得过程中中介语变化论析》，宋潇潇、唐德根的《中介语的系统可变性及其文化因素》等。

在中介语的表现方面，目前学术界对中介语的语言迁移研究较多，主要涉及语言迁移的成因、正向迁移和负向迁移以及表现语言迁移的形式等。这方面的研究有：彭宁红、郑际根的《从语言迁移看中介语》，刘欣娟的《从语言负向迁移看中介语》，许菊的《母语迁移的认知理据》，卢仁顺、夏桂兰的《语用迁移研究述略》等。

在中介语的教学对策和方法方面，学者们主要研究了第二语言学习者在语音、词汇、语法、语用等方面所产生的偏误，以及针对这些偏误所应该采取的教学对策和方法。应该说，对偏误产生的原因的研究是比较深入的。针对第二语言学习者所产生的语音、词汇、语法、语用偏误的研究有：杨文全、胡琳的《中介语理论与第二语言教学中的偏误分析》，潘小波的《教师话语导致学生中介语认知偏误探析》，李庆凤的《语言学习者差错现象分析》，王晓燕的《中介语会话的偏误分析》，钱立新的《中介语的语用失误解析》，尹洪山的《中介语中的语用失误》等。在教学对策和方法方面的研究有：柳丽慧的《偏误的类别、产生原因及教学策略》，武文杰、徐艳的《中介语的产生及其应对策略》，胡金梅、王水莲的《错误、错误纠正及其策略》，蔡季愚的《交际策略应用意识的培育》等。

二、国内中介语研究概况

在我国外语研究界，比较早地对中介语进行研究的学者主要有戴炜栋、束定芳、杨连瑞和戴曼纯等。他们结合国外中介语理论和国内英语学习者所出现的中介语现象，开启了我国汉英中介语研究的大门。起初他们探讨了中介语的概念、中介语的来源及其产生模式、中介语的性质和特点，一些学者还专门对中介语的石化现象和可变性做了深入的研究，而且他们提出了一些研究方法和策略等。随后几年，针对我国大学生的汉英中介语现象，戴曼纯、蔡金亭、王立非和文秋芳以客观事实和数据为依据，展开了一系列的相关研究。戴炜栋和蔡君梅用 CNKI 中国期刊全文数据库的检索方式，对 1979—2004 年外语类核心期刊，以"中介语"（包括过渡语、中继语、中间语和语际语）为关键词进行搜索。检索结果得出后，他们又结合定量和定性的分析方法，对我国汉语和英语中介语的研究状况进行了评价。从调查结果来看，在 1994 年，我国的核心外语期刊才出现了以"中介语"为关键词的文章。到 2004 年共 56 篇，分为两类：一类是源于一手资料的实证研究，共 21 篇，占研究成果总量的 38%；另一类为源于二手资料的文献研究，共 35 篇，占研究总量的 62%。1994—2004 年，国内汉英中介语研究成果呈逐年递增趋势。戴炜栋和蔡君梅根据数据分析，认为"总量和实证研究的成果呈相对稳定的比例，其发展大致可以分为两个阶段：1994—2000 年为初始阶段，文献和实证研究呈增长缓慢但是比例均衡的稳定发展态势；2000 年后则进入了活跃的发展期，成果量增多，但是发展不均衡，文献研究和实证研究成果量的比例不稳定"。

从整体上看，文献研究是我国的中介语研究的主要方向，实证研究是次要方面。然而，我们也可以看到，在不断引进国外理论的同时，实证研究也变得越来越活跃，其影响也越来越大。以上的实证研究成果和文献研究成果都是从中介语的研究方法进行总结的，而这 10 多年间，在中介语的研究内容上，我国学者共涉及了 8 个角度，即偏误研究、迁移研究、变异性研究、系统性研究、石化研究、语用研究、中介语综合研究以及其他研究。戴炜栋和蔡君梅认为，虽然国内学者对汉英中介语的研究取得了可观的成绩，但仍然存在一些问题，进而提出了在今后的研究中应该完善研究方法、丰富研究内容、拓宽研究层面和落实研究应用等建议。

近些年来，随着对外汉语教学的发展，国内学者有关汉语中介语的研究更是层出不穷。笔者也以"汉语中介语"作为关键词，针对 2004—2017 年，在 CNKI 中国期刊全文数据库中，共检索出 113 篇硕士论文和期刊论文。由此可见，我国的学者正一步一步地完善和发展我国的中介语研究领域，这有助于我国外语教学（包括对外汉语教学）的整体水平的提高。

（一）中介语理论对外语教学的启示

外语教学属于第二语言教学，作为第二语言教学理论的中介语理论当然适用于外语教学，中介语理论中的很多观点对我国外语教学的实践具有一定的指导意义。

这方面的研究有：王晓新的《中介语及其对外语教学的启示》、陈金荣的《中介语研究对外语教学的启示》、吴臻的《中介语与外语学习》、唐雪梅的《从 SLA 中的中介语看英语教学》、汪萍的《中介语理论及对英语教学的启示》、高越的《中介语理论研究与探讨——兼谈其对外语教学的启示》、刘勇的《中介语研究对外语习得及教学的启示》等。

（二）外语教学中的中介语偏误研究

与其他中介语研究类似，在外语教学中，对偏误的分析与研究是中介语研究十分关注的一点。同时，学者对英语教学中出现的偏误现象也进行了分析与研究，充分讨论了偏误产生的原因，并给出了相应的教学对策。

这方面的研究有：王晓燕的《中介语会话的偏误分析》，王蓉的《中介语错误分析及其对外语教学的启示》，初青艳、李艳的《如何看待学生外语学习中的偏误》，夏铭的《英语语用失误初探》，訾韦力的《产生英语中介语错误的两点原因分析》，申莉的《中国学生英语写作偏误分析与中介语研究》等。

（三）针对中介语及语言偏误的教学策略研究

关于二语教学的研究，教学对策的研究也是其中非常重要的一个方面。交际策略的研究是我国外语教学中的中介语教学策略研究的侧重点。语言偏误的纠正策略研究也包含在其中。

这方面的研究有：左鸣放的《论外语教学中交际策略能力的培养》、魏洁的《交际策略与外语教学》、阎燕萍的《交际策略在高中英语口语教学中的应用》、王晓燕的《中介语对话偏误分析及纠误策略》等。

（四）中介语语料库建设问题

语料库是语言研究的成果，也是语言研究的基础。进入 21 世纪后，语料库的建设得到了国内许多专家和学者的关注。他们对外语教学中中介语语料库的构建进行了初步探讨，并提出了各自的看法。这方面的研究有：李文中、濮建忠、卫乃兴的《2003 上海语料库语言学国际会议述评》，闫丽莉的《中国学生英语冠词习得初探———一项基于中国学习者英语语料库的研究》，秦旭的《学习者语料库及其在外语教学中的应用价值》，王立非、孙晓坤的《大学生英语议论文语篇中指示语的语料库对比研究》等。

三、汉语干扰及克服方案

（一）研究概述

通过大量观察与分析，我们认为，汉语干扰是汉英中介语产生的主要原因。当前，我们应增加对汉语干扰的关注，深入研究汉语对中国英语学习者干扰的规律，寻找抑制汉语干扰的有效方法。

1. 汉英中介语中汉语干扰的量和度

受冷落时期态度及其惯性作用的影响，在我国，对汉语迁移的研究至今还没有真正热起来，许多相关问题还没有进行较为科学、客观、全面的研究，更不用说得出较为成熟的结论了。例如，中国英语学习者英汉双语思维机制如何运转？汉语思维以何种方式影响英语输出？汉语干扰在思维、语音、词汇、句式、语篇等方面都有哪些具体表现？对此，既需要定性研究，也需要定量研究，尤以定量研究更具实际意义。

2. 提高英语学习者对汉语干扰的警觉性

当前，英语教与学过程中有一个现象，即教师和学生虽然都明白汉语干扰的存在及危害，但很少去探讨、去发现规律，总以为这是研究者的事情，一般的英语学习者无须去操心，操心也没用，因为它太深奥。因此，如何加强众多中国英语学习者对汉语干扰的意识，同样是一个亟待解决的问题。

3. 寻找克服汉语干扰的有效方法

只有在找到好方法并采用之后，问题才能解决。当然，这不但需要理论研究成果，还需要大范围的、大量的试验来证明方法的有效性，这是一项艰巨的任务。

（二）抑制对策

为了最大限度地克服汉语干扰、增加有效训练、抑制中介语的产生，我们可以采取以下步骤：

（1）确定学习材料。材料可用地道的英语文章，会话也可用。

（2）教师讲解学习材料或学习者自己研究学习材料，将其弄懂。

（3）将学习材料翻译成地道的汉语（如果使用汉语原著的高质量英译本，则此步骤省略）。这里的关键是"地道的汉语"，不是欧化汉语、英式汉语。这一步不仅可以使学习者进一步理解学习材料，而且能为下一步练习输出做好准备。

（4）看着汉语句子背诵英语原句，并反复练习、经常复习，直至达到准确无误、极为熟练的程度。这是最后一步，也是最重要的一步。英语译学法，可以使我们从汉语思维直接过渡到地道的英语，从而跨越中间环节。我们知道，中介语实质上是母语和目标语之间的中间环节，里面包含有大量外语学习者自己"创造"甚至"杜撰"的表达。这些表达中，正确的少，错误和不地道的多。它们没有来源，没有出处，是学习者根据自己头脑里的汉语表达直译过来的，直译过程中还要费尽心机、绞尽脑汁地去拼凑编造，使说英语、写英语成了地地道道的"造"句。

学习外语"三习"包括学习、练习、复习。学习为了理解，练习为了熟练，复习为了巩固。使用英语译学法，我们的建议是：快学、猛练、常复习。现在的英语教学中，在学习阶段太多纠缠，教师讲一个句子非要再弄出三个或者五个的例句加以证明、讲解，耽误了学生大量的练习时间，再加上学习材料多而不精，学生弄懂了新的却忘了旧的，结果最后所获极少。一个英语专业的学生毕业时，学英语已达 10 多年，其中专攻英语 4 年，学过的英语句子何止千千万万，最后竟只能说一口哑巴英语、汉式英语；写篇文章则满篇充斥着短小却不精悍，无变化、无文采、无英语味的口语化句子。究其根本原因，就是我们没有想办法使英语学习者在认清汉英差别的基础上，记住大量地道的英语表达，结果逼得他们英语输出时唱"空城计"，玩"空手道"，凭空捏造大量汉式英语表达，违背了"Nothing should be written before it has been read"（读过的再写，也就是要求下笔写句子必须有根据）这最基本的道理。英语译学法的依据是英汉对比，使用英语译学法必须从英汉对比和汉英翻译的理论和实践中汲取营养。英语译学法要利用母语优势，有意加强提供语料时的汉语浓度，刻意突出汉语的特点，加大汉语与英语在词汇、句式、习惯表达、语篇等方面的反差，大力强化表达训练，不但可以使地道的英语在学习者的头脑中扎下根来，而且大大提高了他们的语言对比意识和对英汉差异的警觉性。

第五节　中介语石化现象的教学启示

一、语言石化现象

（一）基本概念

语言石化是外语学习者在学习中出现的一种常见的语言现象，也是二语习得研究的重要课题之一。语言石化会影响外语学习者语言的有效输出，阻碍语言能力的提高。

中介语在学习者的母语和目标语之间是一个逐步发展和完善的过程。学习者的母语是中介语发展的起点，中介语后续的发展就会随着学习者学习目标语水平的提高而提高。外语学习是一种对目标语进行不断调整、重新组合的过程。可以说，随着语言习得的不断发展和提高，中介语在理想状态下将逐渐接近最终目标语。然而，事实却恰恰相反，外语学习者的语言能力在到达某种程度后并没有得到长足的进步，却会陷入停滞的状态，即使再怎么努力，也无法完全消除某些语法上的错误，从而导致语言的石化。

石化现象可以分为暂时性石化（temporary fossilization）和永久性石化（persistent fossilization）。也就是说，在二语习得的过程中，随着中介语发展到一定程度，学习者的语言知识和语法知识的进步变得迟缓，这就是暂时性石化。但随着时间的推移，学习者的语言学习能力不断增强，再加上其他因素的作用，这种暂时性石化的状态终究会结束。永久性石化是指一门外语的学习者，无论其年龄大小，接受多少帮助、指导和纠正，对于这门外语的掌握再也不会有任何变化。因此，一旦形成永久石化，就会陷入停滞状态，难以取得长足的发展，严重影响和制约了学生的学习兴趣和学习能力。所以，二语习得者应该积极地采用有效的学习方式和应对策略，尽量避免中介语的永久性石化，还要减少暂时石化的产生。

（二）产生原因

1. 心理学解释

塞林克是心理学阐释理论的奠基人。塞林克从心理学的视角对石化现象和中介语的成因进行了分析，并进行了一系列的理论设想。假定基本的语言结构是正确的，我们可以进一步假定，在大脑中还有另外一个固定的语言结构。尽管这个假说不能被遗传学查询，也不能像"普遍性语法理论"那样和语法的概念进行匹配，也没有人能确保它会被激发或者成为一种真正的自然语言，但这个假定的前提是，我们能够找到，在二语学习者极度紧张和焦虑的情况下，似乎已经被修正的石化现象仍然会出现的原因。在此前提下，任何一种二语学习理论都能对中介语的石化现象做出合理的解释。这说明石化现象是与心理学相关的。

2. 生物论解释

美国心理学家埃里克·勒纳伯格是"生物论解释"的奠基人。勒纳伯格在1967年提出了一个假设，那就是在孩子进入青春期之前，由于大脑机能的侧化还没有完全结束，所以在语言学习中，左右两个半球都可以参与。这个时候脑子比较灵活，有着强大的可塑性，学习起来十分容易。如果错过了这段时期，学习外语的进展便没那么顺利了。所以，如果一个成年人错过了这个关键时期，那么他就很难将第二种语言提高到自己的母语水平，这就是一种石化。许多人对此持怀疑的态度。他们认为，学习外语的时间会受到年龄的影响。然而，外语学习者在各个年龄段都有自己的优点。其中最重要的一点是，他们相信第二语言的习得依赖于学习第二外语的时间。另外，由于每个人的性格和心理都有一定的不同，因此，我们很难判断出上述的"关键期"到底是在哪一阶段。

3. 文化适应模式

舒曼从文化和语言的关系入手，认为二语学习者在学习新的语言的同时，也在了解和学习新的文化。所以，二语学习和文化适应是分不开的。换句话说，对于目标语文化的了解和适应程度越高，那么对于目标语的理解和适应程度就越高。而我们所谓的"文化适应"，则是指目标语所处的社会背景以及二语学习者的心态。所以，与目标语国家的社会距离以及二语学习者的心理距离对二语学习产生了一定的影响。在此模式中，舒曼强调，"二语学习的水平由学习者和目的语文化之间的社会心理距离所决定：距离越大，学习的成功性就越小。其实质是从学习者的情感方面，如态度、动机等着手对石化现象进行解释，这对于解释二语环境下的语言石化现象更为有效"。有些留在美国的中国人，一生都在唐人街生活，和别人接触也很少。不管他们是害怕还是不愿意与其他人沟通，他们都无法将自己融入这个社会。正是由于他们和美国的文化有着很大的心理差距，因此英语的学习效率也很低。

二、石化中的问题

（一）整体石化与局部石化

石化现象中的一个突出问题是：石化是局部的还是整体的。有些语言学家认为石化发生在整个系统，还有些人则认为石化只发生在中介语系统的某些部分。局部石化观认为，语言（包括中介语）是由不同层次的系统组成的（如语音、词汇、句法、语篇等）。学习者对于不同层次系统的掌握程度不同，这种观点其实认为语言是由模块组成的。整体石化（global fossilization）观点认为，石化的原因是一个专门的机制在控制语言系统，控制的结果是二语学习者都会产生石化现象。这个控制机制是一种认知机制，石化也是认知机制造成的。因此，他们虽然承认语言是由不同的层次系统构成的，但他们认为石化不是仅某个方面的石化，而是发生在整个中介语系统。

另外，在关于石化的范围上，二语习得领域中存在"石化了的能力"（fossilized competence）和"石化了的学习者"（fossilized learners）的说法。有学者认为"石化了的学习者"等于已经不具备改变他们的中介语系统的能力，他们的学习已经停滞不前或者趋于稳定，而未石化的学习者的中介语是动态的，随着时间的变化而变化，学习和进步仍在继续。

那么现实生活中到底有没有"石化了的学习者"？有没有学习一点儿都不进步的学习者呢？其实这个说法是比较极端的，按照常理，只要学习，总会有进步，只是程度的不同。二语习得中常说的高原期（learning plateau），指的是在此时期，学习者进步缓慢，但并不是没有任何进步。

有学者曾在石化的概念框架里指出，学习者的最终语言成效有很大的内部和外部差异，有些学习者的语言学习会比其他人更成功，即使同一个学习者，对语言的不同结构和层面的掌握也有很大差异。我们可以从以下几个例子来认识这种现象：

① She must goes to school every day.

② She did not found it.

③ The student does not walks to school.

这些例子，即使在高年级的二语学习者产出语中仍旧会时不时见到，这从一个角度验证了局部石化的存在。

石化的实证研究都是针对学习者语言运用中的某些常见错误，而不是所有语言运用层面，这为局部石化提供了有力的证据。

无论是现有的实证研究结果还是以往的报道都表明局部石化的存在，即石化只发生在学习者中介语的某些层次系统中的某些语言特征上。因此，整体石化只是凭印象的主观推测，并没有真实的证据。

（二）石化现象的性质

石化现象的另一个争议焦点是：石化是一种心理机制还是一种行为表现。塞林克在首次提出石化这个概念时将其定义为一种心理机制，这种机制决定了学习者语言中的石化行为。还有很多学者持相似观点，他们认为石化受认知或神经机制支配是主要因素，另外，社会、文化、环境等因素在石化产生中也起到了一定作用。

"Fossilization is a process, not a product: we are not talking about a fossilized learner, but fossilized learning." 即石化是一个过程而非结果。我们要分析的并不是有石化问题的学生，而是石化的学习。

有学者从双层面（认知层面和实证层面）对石化进行定义，是对塞林克观点的继承和延伸。从认知角度看，石化是一种认知过程，或者说是一种可能的机制，它使中介语形态永久固化；从实证的角度来看，学习者的口语和书面表达石化而使中介语产生固化，无论多么丰富的语言输入学习者的大脑，这种语言形式总是存在。这一定义中的两个层面是相互关联的：在认知层面，石化是由一些过程构成的认知机制；在实证层面，石化表现为中介语使用中的长期固化。认知层面的石化机制决定了实证层面的石化行为。

还有许多二语习得研究者从语言行为层面对石化进行定义。例如，英国语言学家埃利斯（Ellis）将石化定义为：既可以是错误的目标语形式，也可以是正确的目标语形式。当石化发生的时候，如果学习者中介语中的特征与目标语一致，那么这就是正确形式的石化；如果学习者中介语中的特征与目标语不一致，那么石化错误就会出现。

埃利斯对石化的定义比较简单明了、形象直观，也富有操作性。他认为二语学习者能进行正确的语言运用即是正确形式的石化，而错误的语言运用则是石化错误。这种观点从学习者的语言运用入手，定义虽然在此阶段还没有找到足够的证据表明石化一定是认知机制，而二语和外语研究以及教学实践中却充满了石化错误的例子，这值得我们继续在其表层，也即语言结构和形式方面展开进一步的探索。

与整体石化相关的概念表达有"最终语言成效""学习高原期""低水平"等，而与局部石化相关的概念有"典型错误""永久困难""根深蒂固的错误"等；与石化过程有关的行为包括"长期持续的自由变异""永久困难"等，与石化结果相关的有"可变结果""石化了的变异"等；体现石化作为认知机制的有"终极状态"等，而体现石化作为语言运用行为的包括所有与错误有关的行为，例如，"固化错误""高水平学习者的错误"等，几乎所有的描述都是有关石化错误的行为。

但实际上，前面列举的一些行为有些不应该被视为属于石化的范畴，例如"可变的结果""长期持续的自由变异""石化了的变异""低水平"等。如果石化只针对错误，那么这种错误应是长期不变的错误，而不是无所不包，涵盖二语学习中任何解释不了的行为。"可变的结果""长期持续的自由变异""石化了的变异"是"变化的偏离和错误"而非不变的错误，虽然有规律可循，却与石化的概念有所背离，因此不应再被纳入石化的范畴。"低水平"更是一个概括性很强的词语，是语言学习的初级水平，将其等同于石化失之偏颇。相反，很多高水平学习者往往会犯石化错误。

高水平学习者的中介语通常很接近目标语，其中有限的偏离目标语的形式往往就是石化现象。值得一提的是，将二语习得过程中的所有失败和一切困难等同于石化的观点是片面的，将所有解释不了的现象都归为石化更是不正确的。

因此，我们在分析中介语中的石化现象时，不能把存在的错误一律视为石化现象，要注意石化的标准和规律性。另外，我们显然也不能否认中介语认知机制的存在，因为种种迹象表明，从石化结构和形式等方面看，存在较强的规律性，我们应从语言现象本身做出更多的探索，以发现其背后深层认知心理。

（三）石化与固化

二语学习者的石化现象，是真的"石化"了吗？作为石化标志性特征的"永久性"，我们不能单从字面上来观察，因为"永久"是一个历时的过程，是一个学习者长期的学习历程，但研究者不可能追踪到"永久"。因此，消除石化从概念上说是不可能的。从石化的初始概念来讲，如果物质一旦石化，则不可能还原为原物。而固化则不同，它是外语学习（甚至所有的学习）过程中一种暂时停滞不前的现象，如何消除固化是一种非常重要的学习策略，消除固化是优化学生学习方法和教师教学方法的有效途径。

有研究者认为，固化和石化是一种连续体的关系，永久的固化即石化。他们认为固化有三种表现形式：一是暂时的停滞状态；二是中介语的重新组织；三是中介语发展的长期停滞。第一种形式是任何学习过程中一个自然的发展阶段。第二种情况是表面现象，即重新组织中介语知识，产生一些表面的中介语特征固化。有观点认为，学习在固化的前两个阶段都可以表现为高原期，持续可长达四五年。在第三个阶段，固化是石化的预兆。因此，只有在第三个阶段，固化才与石化难以区分，固化成为石化过程的一部分，而石化成为固化的最终结果。

那么，什么样的固化有可能发展成石化呢？一般观点是：当固化有变为石化的趋势时，语言会有以下三个特点中的一个：

（1）某个中介语形式始终出现，即这种语言形式无论是在什么场合总是会出现。

（2）本以为已被消除的中介语特征在某些条件下重新出现，这被称为

"倒退"。

（3）固化的语境间变异（stabilized intra-contextual variation）在二语学习者使用语言时，虽为同一语境下，但所使用的语言形式有时是目标语，有时是非目标语，这些中介语特征交替出现，被称为"固化的语境间变异"。

因此，当学习者的语言出现其中之一的情况时，教学者应该注意采取有效措施抑制这个进程。

学习者的语言是在不断变化的，灵活而不确定。即便是非目标语形式，在不同时期也有不同的变化形式。因此，石化是理论层面上的概念，不容易观察得到，而我们常说的石化现象，常常只是指固化现象，它是否有可能石化，只能留给历史或者下一代人观察。

（四）石化与教学

关于石化与教学的关系，可以从两方面论述。

第一，石化是教学造成的吗？

第二，教学对抑制石化有作用吗？

关于石化的形成是否与教学有关在学界争议较大。有的研究者认为，教学促使了石化的形成。在教学中，有两个方面的因素可造成石化。第一，教师的语言输入。如果教师本身的语言基本功不扎实，或者为了便于学生理解，刻意使用一些简单的或简化的表达，学生从教师那里接受过多类似的语言信息，就容易形成有限或有误的中介语。另外，课堂教学中针对某个语言结构的强化输入和学生所进行的强化训练都可能导致中介语中过多出现该结构，这就是训练迁移的影响。第二，教材也是导致固化和石化错误的原因之一。教材的内容和编排顺序主要由编者的理论水平和对二语习得的认知决定，他的理解可能比较片面，有时带有很强的主观因素。由于教材篇幅小，教材中出现的形式不会很全面，甚至为了契合大纲会过分强调某些形式，结果可能导致学生过度使用或者不恰当地使用这些语言形式，因此而产生固化错误。

另外，当今课堂较多地采用交际教学法，这也有可能促使石化产生。学生之间的会话因为小组互动、两人互动等环节也成为语言输入的重要部分。学生间频繁的互动，会产生大量的语言输入，这些输入不是真实的语言材料，是学生的中介语，存在很多不地道或错误的表达。如果这些错误没有得到及时的纠正，就容易固定下来，甚至石化。

教学与石化的关系的另一方面是教学是否可以抑制石化。埃利斯在其著作《指导性第二语言习得：课堂学习》（*Instructed Second Language Acquisition: Learning in the Classroom*）中指出：

"Instruction can seek to provide an intensive focus on pre-selected linguistic forms (as, in a focus-on-forms approach or in a lesson built around a focused task)or it can offer incidental and extensive attention to form(as in a lesson based on an unfocused task)."

意思是："指导能够使学习者对事先选定的语言形式进行密集聚焦（例如在聚焦形式方法或在聚焦任务的课堂教学中），指导也可能使学习者附带地或密集地注意语言形式（例如在一些非聚焦的任务中）。"

从这段陈述来看，埃利斯认为，在教师指导下的学习能够使学习者很好地注意到正确的语言形式，他对教学语言习得的重要性给予了肯定。

埃利斯接着举了语法教学的例子：

"There are pros and cons for both intensive and extensive grammar instruction. Some structures may not be mastered without the opportunity for repeated practice."

意思是："密集的和大量的语法指导有其利弊。如果不反复练习，就不会掌握某些结构。"

他强调了教师指导下的反复练习对于语法掌握的作用。这与交际法教学有着一定的区别，交际法重在人们的交流，只要达到交流的目的，任务就可视为完成，将语法的正确与否放在了次要地位。

在二语领域中，和埃利斯一样，很多学者认为，如果没有语法教学（包括错误纠正）就会产生石化，教师应该给学生提供错误反馈，课堂教学可以抑制石化的发生。

三、现代教学中的中介语石化研究

（一）常见中介语石化误区

1. 学生重视交际策略，忽视了语言的准确性

埃利斯指出，学习者在缺乏足够的语言技能的情况下，又要进行有效的交际

活动，其采取的交际方法就是所谓的交际策略。恰当的交际策略可以促进学习者的语言学习，但失当的交际策略则会影响学生习得第二语言。一些学生觉得，只要能达到沟通交流的目的，能够和外国人进行沟通，那么语言的形式就不重要了。但是老师要让学生明白，语言的正确性是十分重要的，不要仅仅为了提高口语的流畅程度，就忽视了语言的精确性，否则中介语的石化就会出现。

2. 对学生的中介语纠正不恰当

当学生出现了语言错误时，有两种纠错方式：一种是要实现有错必纠，另一种是单纯地鼓励学生。这两种方式都比较偏激，实际上，对于这种中介语的石化现象，我们应当及时矫正，以防止石化，但也要注意教学方法和策略，以免影响学生的学习热情。

3. 教师本人的中介语石化现象严重

在教学过程中，教师要及时地对学生的中介语进行反馈、纠正，但有的教师语言能力还不够强，自身的中介语僵化现象也比较严重，因此，在这种情况下，教师对学生的反馈与改正都是不对的，反而会使中介语的石化现象更加恶化。因此，要加强教师自身的语言技能，对学生进行有效的反馈与纠正。

（二）应对策略

教学反馈如何才能抑制石化呢？研究者认为，纠正性反馈取决于很多因素，例如纠正性反馈的方法、所用的时间、学习者是否有意识注意到这些错误等。教师在反馈时应该注意用清晰、简洁的语言，给接受反馈者讲明错误之处，如果学习者不明白错误形式和正确形式之间的真正差别，那么死记硬背式的纠正产生的效果是很小的。因此，教师的明示教学就显得非常重要，这也给主张全英式教学的专家或教师一个提醒，全英式教学不是什么课堂都适用。

总之，如果运用得当，教学能够有效抑制石化和消除固化错误，但是因为石化的原因非常复杂，教学可以增加学生对目标语的一些特征的敏感性，引起注意。但是，教学的作用会受到其他一些语言和心理因素的影响，例如，语言范围、复杂性、学习者的特征等。学习材料单一造成的语境单一、教师水平有限导致贫乏的语言输入、教师缺乏恰当的教学方法等都可能会引起固化错误的产生。

1. 制定多重教学模式

以汉语为例，多重教学模式开展汉语对外教育时应当遵循的教学方法，不仅仅是对汉语写作、听、读等的训练，否则会使汉语学习者失去学习汉语的积极性。教授汉语的教师可以通过图画、词语、段落等方式来授课，使汉语学习者能够在离开字典的情况下，更好地了解汉语的意义和语法，从而增强汉语学习者的应变能力，同时也避免了中间语石化的发生。

2. 了解学习者的情况

第二语言教师在进行教学活动时，应对学习者的母语背景加以了解，以达到良好的学习效果。在二语习得中，学生的母语环境和学习目标会影响教师制订的相关教学计划。教师应根据学生的词汇和语法水平来确定不同的作业时间，这样就可以避免母语对二语学习造成很大的影响，也可以有效地预防中间语石化。

3. 注重动态练习

第二语言教育工作者要把文法与实例结合起来运用在教学过程中，深入剖析文法和词汇，并通过动态的训练使学生掌握这些句法和词汇，从而达到防止中介语石化现象发生的目的。如果汉语是学习者的第二语言，由于汉语有着复杂的语言体系、丰富多样的语法结构、层次丰富的词语语义，学生要想掌握汉语语言系统的基本原理，就必须不断地进行语法结构和词汇的使用，从而使中介语石化的现象得到抑制。

4. 加强对教学效果的评估

第二语言教师要定期评价自身的教学效果，并根据学生对第二语言知识的理解和掌握情况来判断母语对二语学习的影响，并通过学生自身是否发生了二语学习中的石化现象来选择正确的教学策略教育学生，避免石化的进一步恶化。学生对语义、理据的掌握就是评价教学效果的指标。

5. 优化教材的编写

为了防止二语习得发生石化的现象，必须对教材编写进行再次优化。教材是二语习得的重要工具，在编写过程中应注意趣味性、理据性和实用性。首先，教材中的内容要能让外语学习者对其产生兴趣，从而让他们更好地理解第二种语言的语法和词义；其次，理据性是教材的语法与语义教学应当具备的特点，要防止石化，就必须让学生了解这种用法；最后，要确保教材的实用性，充分考虑语境、词汇、语法等因素的综合运用，以使学生的表达能力得到增强。

第二章 语言教学研究与语言迁移理论

语言迁移在语言教学中是一种普遍存在，不容忽视、回避的现象。本章主题即为语言教学研究与语言迁移理论，分为四节：概念与分类、影响因素分析、语言迁移对大学英语教学的启示、语言迁移在大学英语写作教学中的应用。

第一节 概念与分类

在第二语言的学习过程中，语言迁移研究是非常重要的一个部分。在第二语言习得的研究领域，人们尤为重视母语在学习过程中起到的作用，中国的学者更加重视汉语和英语之间的语言迁移现象研究。本书以过去的语言研究为基础，根据广大学者的观点和学习中存在的各种问题，对语言迁移现象展开研究，并且对语言迁移的主要形式进行深入分析，总结出影响语言迁移发生的各种因素。在本章的分析中，更注重使用对比分析的方法，从语言迁移的不同方向，对中国的英语学习者的语言迁移现象研究提供了理论支持。

一、概念界定

语言迁移理论中的"迁移"一开始是属于心理学领域中的一个概念，而不是在语言学的领域中被首先提出的。它指的是在新知识的学习过程中，学习者之前学习的知识、技术和经历等，都能对学习新知识的过程产生一定的影响。通过对语言迁移现象发展过程的总结和说明，也能够明确语言迁移研究的历史传承和理论发展过程。

然而，在整个语言迁移研究的历史进程中，人们对语言迁移的含义的理解是不同的，甚至存在着许多错误的认识，因此，需要对语言迁移现象进行深入调查和研究。

埃利斯给"迁移"做出了明确定义，也就是任务 B 的学习情况会受到任务 A 的学习影响，并认为语言迁移的理论在教育理论和实践中起到了重要的作用。詹姆斯认为，如果将上述的任务 A 和任务 B 替换成第一语言和第二语言，那么就从"迁移"的理论发展出了"语言迁移"的理论。也就是说，在第二语言的学习过程中，语言迁移的理论起到了学习心理理论支撑的作用。虽然人们已经将语言迁移研究了很长的时间，并形成了多种理论，但是在准确定义语言迁移时还是出现了一定的问题。

在深入研究语言迁移的概念之前，有必要对借用迁移（Borrowing transfer）和基础语言迁移（Substratum transfer）两个概念进行区分。

借用迁移指的是第二语言对以前习得的语言产生的影响，这个迁移的过程通常是从单词和短语开始的，因为词汇的引入就是外国文化产生影响的开始。

基础语言迁移就是指母语，也就是源语言对目标语言产生的影响。这一概念在大多数第二语言习得研究中经常被提及。因此，我们在进行语言迁移的讨论时，都是在基础语言迁移的范围内进行研究。

（一）常见误解

人们对语言迁移的明确含义有不同的认识，甚至还有一些误解。一些语言学者甚至放弃使用"迁移"这一术语，或在非常有限的领域内使用它，而还有一些学者在研究过程中经常使用语言迁移的专业解释。在对语言迁移进行专业的定义之前，应分析之前语言迁移领域中出现的一些误解。

1. 语言迁移是简单的习惯形成的结果

在 20 世纪五六十年代，行为主义是教学领域中非常流行的一种理论。行为主义认为，所有的知识都是经由"刺激—反应"的过程而形成的，所以语言的学习过程也是一样的。随着学习者对知识刺激的反应能力提高，语言的水平也在不断进步。行为主义理论后来衍生出这样一个观点，旧的习惯会被新的习惯所取代，旧的习惯也会随之消亡。然而，在现实中，学生所掌握的母语知识并不会因为学习了第二语言而消失，因此，关于语言迁移的行为主义迁移观是不正确的，它简单地认为语言迁移是随着习惯的改变而发展的。

2. 语言迁移就是母语干扰

在语言理论的发展过程中，出现了一种假设：通过分析和比较学习者的母语和目标语之间的不同，可以预见第二语言学习中的任何错误。在第二语言习得中，母语的干扰导致了第二语言学习过程中的很多错误，会让学习过程充满了困难。这种方法的缺点是认为母语在第二语言的学习过程中起到了很大的负面作用，而总是忽略母语也能给学习者带来一定的积极影响。事实上，母语会对第二语言的学习起到一定的积极作用，特别是母语和第二语言的差距较小时，这种积极的作用会更加明显。

3. 语言迁移就是简单地求助于原有的母语知识

美国著名语言学家卡拉申曾指出："当新知识缺乏时，语言迁移可被看作一种填充模式（Padding），或者是求助于原有旧知识的结果。其原因可能是在习得必要的规则之前，不得不用现成的规则来说话。"

换句话说，语言迁移是在学习第二语言的过程中，因为学习者对目标语的知识掌握不足，所以开始向母语的知识寻求帮助。然而，向母语知识寻求帮助的方法不能促进第二语言学习的进步，充其量只是一种无助于语言学习的策略。这种观点没有考虑到这样一个事实，即第二语言的习得往往会在母语的基础上进行，在这个时候，人们的语言认知已经非常清楚了。它忽视了这样一个事实，即学习者的语言体系不仅仅包括母语的知识，而且包括对所有语言的整体认识能力，这些能力都会对语言的学习产生积极的作用。此外，这种观点认为，母语的影响总是会通过某种语言上的规则表现出来，而事实上，母语很可能同时与其他影响语言学习的因素交织在一起，有的时候，学习者在向母语知识寻求帮助的过程中，也让自己的中介语系统得到了提高。最后，这种观点忽视了语言迁移在帮助学习者提高阅读和听力水平上的作用，而认为语言迁移仅仅只是一个策略。

4. 语言迁移等同于"母语"的影响

一般来说，为了在研究时更加方便，人们在实际的使用中，把语言迁移发生的条件和母语联系起来了。然而，学习者如果已经掌握了两种语言的用法，再学习一门语言的时候也会受到前两门语言的影响。这意味着，在语言迁移的过程中，所有掌握的语言都会成为迁移的对象，第二习得语言也会成为迁移的对象。如果掌握了好几种语言，这些语言都会受到不同语言的影响。能够对语言迁移产生最大作用的还是母语。因此，在研究语言迁移时，必须对母语的作用进行深入的研究和讨论，并且能够将学习者所掌握的其他知识考虑进其他语言的范围内。

（二）相关观点

现在有越来越多的语言学者开始研究语言迁移的现象。正是因为人们在语言领域的研究不断深入，才在研究的过程发现了许多对语言迁移的误解。研究并不会因为这些错误的观点和误解受到阻碍，而是提供了进步的基础，并促使人们对语言迁移进行多层次的了解。事实上，目前也有很多关于语言研究的各种定义，这些定义都是较为合理的，并且在学术界有着一定的影响力。因此，我们可以对这些从前的看法和观点展开简单的分析和探讨，从而帮助学习者更加深入地了解语言迁移的本质内容。

首先，在对语言迁移的内容进行分析时，可以从交际的角度进行。比如科德，就从交际的角度对语言迁移的内容进行分析，认为语言迁移也是交际策略中的一种类型，叫作借用。科德强调，借用不能代表整个学习的过程和语言的整体结构，它只是语言上的一种行为。学习过程中的语言迁移属于结构上的一种迁移，因为借用的行为不断出现，所以借用也成了中介语的语法内容。但是，科德提到的中介语在使用时可以完全使用学习者的母语知识，这一点是不太符合实际情况的。现代的许多研究都表明，学习者在出现迁移错误时，其中犯的错误会和母语中的用法有很多的相似之处。这说明，中介语会受到母语的很大影响，这种影响在很大程度上还是直接的。

其次，语言迁移的行为可以通过心理的角度进行分析。比如，费尔格（Faerch）和卡斯帕（Kasper）就认为语言迁移的现象属于语言心理过程的一部分内容。

他们的观点是，在理解外语或者使用中介语进行理解的时候，如果使用自己的母语就会产生两种可能的情况。

第一种就叫作交际中的迁移（Transfer in communication）。这意味着迁移的过程更多地体现在交际的活动中，但是对学习者语言能力的提升是非常有限的，因为在母语中的表达规则不一定能够应用到第二外语的学习过程中。换句话说，只有在实际的交际过程中才会出现迁移的情况，学习者使用他们的母语来实现自己的交际目的，或者是对目标语的表达进行掌握和理解。

第二种是学习中的迁移（Transfer in learning）。这个迁移方式和交际中的迁移有一些不同的地方，那就是在学习过程中，迁移不仅仅只是在交际的过程中形成，在日常的交流活动中也会出现语言的迁移行为。

最后，语言的迁移可以从认知的角度进行。语言学家舒哈特（Schachte）就是从这一角度进行研究的，他将语言的迁移行为看作语言学习过程中的一种反面作用。也就是说，学习者的母语或者之前学到的内容，都会对目标语的学习起到反面的作用。学习者所有已经掌握的语言，都会在学习其他语言的过程中起到迁移的作用。迁移的内容不仅仅包括学习者的母语，还有学习者之前学习的其他语言知识，以及学习者在学习目标语时采用的方法。在学习语言之前，学习者需要对学习的语言进行目的和内容上的各种假设，在实际学习过程中可以将假设进行检验，最终达到发展中介语的目的。之前学习的各种语言知识可能都会对学习过程起到反面的作用。

这些观点分别从交际学、心理学和认知学的角度对语言迁移的具体内容做出了多种层次的解释，可以从多种层面了解语言迁移产生的过程。然而，这些学者并没有对语言迁移的含义做出明确的解释，语言学家奥德林（Odlin）所提出的定义是最受语言学界认可和接受的。

奥德林在他的专著《语言迁移——语言学习中的跨语际影响》中指出："语言迁移是目标语和其他任何已经习得的（或没有完全习得的）语言之间的共性和差异造成的语际影响。"根据奥德林提出的观点，我们可以总结出：语言迁移的过程也是一个跨语际的过程，而这种过程正是因为学习过程中两种语言发生了交流和碰撞。

与此同时，他指出，虽然不应怀疑语际影响所带来的作用，但是这个产生影响的过程还是不甚明确的。他认为，在产生影响的过程中，主要是母语和目标语的内容判断起到了作用，但是两种语言之间的判断情况可能是不切合实际的，做出判断的环境可能会随时产生变化。

尽管奥德林认为自己的定义不是非常详尽，还给这个定义起了一个名字——工作定义，但一些学习者认为这个定义已经非常全面了，因为它不仅包括母语带给语言迁移的影响，而且还说明了学习者学习的其他知识也会对新语言的学习产生一定的影响。

由于这一定义是较为全面的，所以在学术界的影响较大，并为语言迁移理论的未来发展打下了坚实的基础。学习者也很认可语言迁移的这一定义。

二、理论发展和理论研究

在 20 世纪四五十年代的时候，语言迁移的相关研究就开始了。然而，在一开始对语言迁移进行研究的时候，一些研究者认为语言迁移能够帮助学习者进行第二语言的习得，而另一些研究者则不是很认同这种看法。我们可以将语言迁移的研究过程分为三个历史时期，这些时期的时间衔接都是非常紧密的，往往上一个时期的研究还没有结束，下一个时期的研究就又开始了，所以很难总结出具体的开始和结束时间。

（一）第一阶段：行为主义心理学结构下的语言迁移观的形成

在这个阶段中，学者们主要是在行为主义心理学的影响下，对解析假设展开研究。人们认识到，在第二语言的学习过程中，语言迁移发挥着重要的作用，但语言学习的行为主义理论还在语言学习的理论中占据着非常重要的位置。因此，在接下来的理论研究中，两种理论更好地结合在了一起，并且为语言理论的发展奠定了基础。在 20 世纪 20 年代初，美国的心理学家华生正式提出了"行为主义"的相关概念。根据这一概念，心理学家们从人们的实际行为入手，展开实际的研究。

行为主义的理论在第二次世界大战结束后的近二十年间，对语言理论的发展起到了重要的作用，也为心理学和语言学的紧密结合提供了基础和支持。

斯金纳也是研究行为主义理论的另一个代表人物。他认为，语言是一种外显的行为，而不是一种思维上的现象。语言的行为是一种对刺激的反应，就像任何其他人类的行为一样，可以通过模仿、重复、练习和稳定的思维定式而形成。根据心理学上的相关理论，学习第二语言的过程中，最重要的就是改变之前的行为和习惯，形成一种新的语言体系和行为上的习惯。学习过程中要学会克服之前的知识带给学习者的习惯。

（二）第二阶段：对语言迁移的质疑和漠视

到了第二个发展阶段，由于语言领域的一些学者受到乔姆斯基的理论影响，人们开始对以往的语言迁移理论提出相关的反对意见，并开始批评以行为主义理论为基础的语言学习观。在第二语言的习得理论中，"迁移"的作用也被逐渐忽视，行为主义理论的地位慢慢下降，中介语假定的理论逐渐取代对比分析的假设内容。

在这个阶段中，错误分析也被人们认可，人们开始重视中介语，并开始研究学习者的内心活动变化。

大概在 20 世纪 70 年代的时候，乔姆斯基的语言习得机制理论开始受到重视，普遍语法观点也逐渐被认可，行为主义理论的地位继续下降。对比分析假设等内容也出现了很多批评的声音。学习者母语和语言习得之间的关系、掌握的语言和语言习得的关系都被否定了，也就意味着语言迁移领域之前的研究成果基本上都遭到了人们的质疑。

乔姆斯基有这样一种观点，人类有一种与生俱来的学习语言的能力。这种能力是由基因等遗传的因素决定的，几乎不受外界的影响和干扰。因此，不能认为只要掌握了"模仿"和"强化"的知识，就能学会第二语言。第二语言的习得是基于人脑中先天的语言学习机制和实际的语言接触使用而来的，还需要语言学习者发挥自己的主观能动性。此外，研究人员还对对比分析的方法产生了质疑，因为它们不能准确地预测学习者的能力。对比分析理论将"差异"和"难度"等指标联系在一起，它表明，对比分析不仅在明显的位置出现了错误，还在其他地方出现了明显的错误。批评者指出，语言模式中一般会使用到"差异"这个词，"困难"更多的是一种语言上的要素，这两个概念之间的差异还是很大的，也不适合放在一起进行比较和分析。受到普遍语法理论的影响，学者们认为"行为主义"的观点已经没有研究的必要了，对比分析的方法也可以用中介语假设的方法进行替代。在这一阶段中，第二语言的习得领域中，行为主义的理论已经不再受到欢迎了。

（三）第三阶段：语言迁移观的正名

专业的学者们必须认识到，在学习第二语言的过程中，人们难免会受到母语的各种影响，这种影响不会因为主观或者客观的原因发生改变。1981 年，在密歇根大学举行了一次关于语言迁移研究的大型研讨会议。在会议的日程中，研究人员将语言迁移发生的原因和范围作为探讨的主题，而不是像过去那样讨论在学习语言时是否真的存在着语言迁移的现象。这已经是一个重大的发展和进步了。

20 世纪 80 年代，学者们在迁移现象的领域中有了新的发现成果。他们开始使用标记理论。在某种程度上，标记理论能够对对比分析的过程进行补充和完善，也能够弥补过去理论研究中的各种不足。

三、语言迁移的种类

根据所包含的各种因素，语言迁移主要有三种表现形式：正向迁移和负向迁移、语内迁移和语间迁移、交际迁移和学习迁移。

（一）正向迁移和负向迁移

在研究相关理论的过程中，我们可以总结出来，母语迁移的现象是因为语言间的差异发展而来的。因此，根据语言迁移的实际效果，可以分为正向迁移和负向迁移两种类型。

1. 正向迁移

母语和所学习语言之间的共同点能够帮助学习者对语言内容进行学习，更快地形成中介语的序列，这就是正向迁移的实际效果。这意味着，在目标语的学习过程中，可以依靠母语的知识结构和语言习惯提升学习的效果。正向迁移能够对目标语的学习内容产生多个方面的实际影响。

例如，没有学过西班牙语的人照样可以理解 papá、vainilla 等单词的大概含义，主要是因为它们的发音与英语单词中的"爸爸""香子兰"非常相似，可以帮助人们进行推理和理解。

此外，从句子的结构方面来说，学习者更加容易理解和接受与汉语结构非常相似的内容。例如，"She is from Shandong"。这是因为在中文的结构中，句子的顺序是非常相似的。例如，"她是山东人"。在第一次学习目标语言时，母语和目标语言如果存在很多的相似之处，学习者会具有更高的学习效率，达到更好的学习效果，记忆得也更加牢固。

2. 负向迁移

反之，母语和自己已经掌握的语言会对语言的学习产生消极的作用，这种作用被我们称为负向迁移。在这种不利的学习环境中，母语并不能促进学习者的语言学习，还可能会对第二语言的学习过程产生负面的影响。

以大量的实际案例作为研究的支撑，母语干扰是一种必然会产生的现象，存在于第二语言的学习过程中。负向的语言学习迁移影响的范围是非常大的。

奥德林对语言学习的负面效果进行了概括，有三种类型：过少运用、过度运用、误解。

（1）过少运用

这种负面的迁移现象是因为学习者对句子的结构使用或者练习得不够。这种现象也叫作"回避"。这种现象主要是因为学习者产生了一定的畏难情绪，有可能是因为学习者的母语和目标语之间的差距过大了，学习者在学习的过程中感到非常困难，还有可能是因为学习者不能对语言的相同点进行确认，从而不能自如地使用这一类句子结构，从心理层面对学习语法结构产生了一定的抵触情绪。

（2）过度运用

学习者往往会无意识地使用某些语法结构来规避错误的出现。这样一来，他们就能够在考试中获得更高的分数，得到更大的学习成就感。如果学习者一直为了避免错误的出现，而使用常用并且非常简单的句子结构，他们可能会对简单的句子产生依赖的情绪。过度使用主要有两种类型：一是替代，即经常使用母语的思维和句子结构进行表达和分析；二是仿造，即使用一种语言的句型对目标语的句子结构进行替代。

（3）误解

这种负向迁移指的是学习者会因为母语的用法，对目标语的信息进行分析和判断，但是在实际的应用过程中，这两种语言的解释会有很大的不同。

我们可以总结出来一点，正向的迁移往往会发生在母语和目标语的特征较为接近的情况下；反之，就会发生负向的迁移。我们在实际的学习过程中，要避免消极的实际效果，追求积极的实际效果。

（二）语内迁移和语间迁移

在实际的语言学习过程中，当学习者学习并掌握了不同的语言之后，而这些语言知识在大脑中混合在一起的时候，就会出现语言迁移的现象。这种迁移可以分为语内迁移和语间迁移。

1.语内迁移

语内迁移就是在一个语言内部出现的迁移现象。因此，不仅语言的负面迁移会造成学习者的学习问题，而且语内迁移的问题也会导致学习者出现错误。如果盲目地进行学习内容的总结，可能就会出现语内迁移的现象和问题。学习者可能会在不清楚使用环境的情况下，就使用某种错误的语法和句子结构。在学习语言的过程中，先学习的内容和后学习的内容可能会出现一定程度的冲突。

2. 语间迁移

语间迁移的现象主要是因为两种区别较大的语言之间出现了正向迁移或者是负向迁移。也就是说，学习者在学习语言的过程中，可能会受到母语和其他语言内容的影响。例如，"我把盘子洗完了"。在英语或者俄语的语法中没有和汉语"把"字意义相同的词汇，而且在汉语句子中，"把"不会单独出现，一般作为动词使用，并搭配上补语的结构。在这种情况下，学习者的学习会因为汉语的思维产生改变，表达出的句子可能就是错误的。

然而，语间迁移的方向并不是大家都认为的单方向迁移，即母语向目标语的方向转移，同时，目标语也会对学习者的学习过程产生一定的反向作用。由于学习者在一开始学习第二语言的时候，学习者还不能掌握语言的语法等内容，所以学习者可能会向母语等熟悉的语言寻求帮助。这种迁移的现象有时会导致目标语的水平的提升，就是正向的语间迁移。然而，当这种迁移造成学习中的错误时，母语对目标语的作用就是负面的，应归为负向的语间迁移。

总之，语间迁移的现象在一开始学习语言的过程中还是较为常见的，但是人们通常会比较在意语间迁移的消极作用，也就是负向迁移会导致学习的过程中出现一些错误，而且人们还应该及时处理出现的错误，保证学习的有效性。

事实上，语间迁移也有一定的正向作用，它能对迁移的过程起到提醒的作用，从而提高学习者的学习效率。但是到了学习的后期阶段，随着学习者的学习水平不断提高，语言的知识积累也在不断增加，学习者会更加了解目标语的规则并进行遵守。在实际的应用过程中，尽管两种迁移的类型和内容是不一样的，但它们的心理学原理都是一样的，能够发展和提高目标语的学习水平。

（三）交际迁移和学习迁移

语言领域的专家从未停止对语言迁移的研究，对迁移的了解也在不断加深，大多数专家和研究人员都认为迁移是一种心理上的变化。弗雷斯（Freis）和卡斯帕提出了这样一种看法，即如果利用母语进行学习，可能会出现两种情况：交际迁移和学习迁移。

1. 交际迁移

这一迁移过程只能产生于交际的过程，即当人们听或说这门语言时才会出现，当学习者学习和理解目标语的含义时，可以使用母语，或者当交际时，通过母语进行表达。弗雷斯认为这种迁移就是交际迁移（Transfer in communication）。

交际迁移也有两种类型，分别是"输出迁移"（production transfer）和"理解迁移"（comprehension transfer）。这两个类型都能进行迁移之间的转换，对迁移的过程进行控制，并能够为语言体系的规则假设内容提供来源。

2. 学习迁移

在学习的过程中进行的迁移就叫作"学习迁移"（Transfer in learning），它也属于迁移的一种类型。具体来说，就是学习者利用学到的语言知识进行的中介语体系构建，这个中介语体系和目标语的使用方法联系很紧密。

埃利斯教授则提出了另一种观点：在相关的规定中，学习迁移、交际迁移是不同类型的两种迁移形式。交际迁移是借助母语的内容，帮助学习者进行目标语的学习和理解，控制信息的吸收和表达方式；学习迁移就是学习者通过自己的母语知识，构建起第二语言的语言系统。因此，迁移既可以发生在交流的过程中，也能在学习的过程中起到作用。

第二节　影响因素分析

到了 20 世纪的 80 年代，人们开始对认知理论的内容有所了解，将语言迁移当作学习的一种方式，而语言迁移会在语言学习的过程中，体现为不同的表现形式。但是，不同形式的迁移背后产生的原因也是不同的，受到了各种因素的限制，包括主观的和客观的。最影响语言迁移的原因可以分为两种：语言的因素和非语言的因素。在非语言的因素中，有些因素比较重要，分别是语言意识因素、社会语言因素、标记性因素、语言距离与心理类型学因素。

一、影响语言迁移的语言因素

在影响语言迁移的各种因素中，虽然各种因素的实际影响效果是很难测量的，但是语言之间存在的差异，比如单词、发音、句子和语法等，都一定会对语言迁移的过程产生一定程度的影响。在这些因素中，最重要的因素就是语音的因素，最为明显的体现就是我们在说外语的时候，会出现奇怪的口音。这种奇怪的口音就是因为母语和目标语的发音方式和发音习惯存在很大的差异，两种语言也会在发音特点上有很大的不同，在这种情况下，人们受到母语迁移的影响，从而产生了奇怪的口音。

比如说，汉语在发音时没有复辅音的存在，在拼音中每个音节的开头和结尾都不会呈现出两个或者三个辅音线性排列的情况。所以说，汉语的音节都较为明显，音节的模式也比较简单。汉语中没有辅音连续出现的情况，所以以汉语为母语的学生，在发一些英语单词的音时会比较困难。

从单词的角度来说，母语和目标语的差异会影响到目标语的学习，假如二者有相当大一部分的同源词，将会降低目标语的学习难度。有些研究又表明，很多学习者会根据母语的语法对目标语进行单词的搭配，但是这种搭配在目标语中是不成立、不合理的。

学习者在学习英语的过程中，经常会使用一些汉语的语法对英语单词进行重新"创造"。比如说，汉语中的表达为"铅笔不是很多了"，在刚学习英语的时候，会造出这样的错句，"There are not too much pencil"。这样简单的错误就是因为母语的使用习惯造成的。

在单词的用法方面，母语的迁移在母语和目标语缺少对照的情况下更为明显。比如，英语中经常使用助动词来辅助句子时态的表达，还将动词的时态根据句子的时态进行调整，而在汉语中有"已经、了、曾经"等词说明句子的时态，或者是用一些表示时间的状语来体现，动词是不会出现变化的，这种差异也是迁移过程中应当尤为注意的内容。

母语的迁移也会体现在句子的表达上，这一点很明显。例如，英语的句子会呈现出右向分支（Right-branching）的特点，而汉语的句子是左向分支（Left-branching）的类型。比如，英语的一个句子为：The cheese that the rat ate was rotten，而汉语的翻译为："老鼠吃掉的奶酪是坏的。"这就将修饰的部分提前了。这种句子结构上的差异，也会让学生在学习英语时产生一些疑惑。在学生学习英语的反身代词的时候，我们也能够知道母语和目标语之间的差异，会给语言的学习带来一定的困难。

在语用的习惯和语篇之间的衔接方式上，也能够体现出语言之间的差异。如果想要表达出礼貌的含义，在汉语中通常会加上一些敬语，所以当学生学习英语的礼貌表达时，会经常使用"please"，而英语中的礼貌表达其实有很多句式，但是学生们经常会忽略这些。在衔接语篇时，汉语中会有很多的连词，比如"虽然""因为"等，在学生的英文写作中，只会使用"because""though"，别的表述就不会变通了。我们在学习的过程中，还是要注意语篇和语句上的差异，这涉及文化上的差异，也会对语言迁移产生很大的影响。

二、影响语言迁移的非语言因素

（一）语言意识因素

1. 语言意识形态与文化

（1）语言意识形态

语言的意识形态主要是由内在的意识、主观的状态、使用过程组合起来的，它有第一人称的本体性，并且语言的意识形态大部分都是来源于客观的现象，它是一种对周围环境和历史社会的主要反映途径。所以，语言和意识形态是密不可分的关系。再加上意识的本意就是人体大脑内部的精神活动，而人体的需求和渴望一般是通过语言来进行表达的，也可以说语言就是意识形态下的产物。

在意识形态之中，语言是表达意识的最佳途径，而意识形态又是语言的主要体现。因此，语言意识形态的形成就是意识的语言更加具体化的过程。简而言之，意识形态可以理解为语言的生成和个体本身的心理理解。由于语言的意识形态是建立在语言的运用的前提之下的，具体表现为个体在言语活动中的思维联想等机制。同时，语言并不是简单的符号规则，它还是体现一个人心智表征的重要途径。而语言意识形态作为一个概念，它强调的正是语言背后的意识以及对意识的描写程度等。作为一个复杂的系统，语言意识形态又具有感知和表达等多种功能，通过接受外界事物在人的意识中的反应，得出相应的过程和结果，并且将外界的事物通过语言符号表现出来。而其中在语言的意识形态中还存在着语音、语法等多种因素，它是一个组合的整体，不是单一的单位。与此同时，语言在输出的时候，个体还要通过具体的实际情况，通过语言将自己的情感最大限度地表现出来，并且对于语言的运用进行了各个层面的监督和控制。总的来说，语言意识形态在本质上也是语言含义和语法以及语用者在不同的情境下的表达。

（2）语言意识形态与文化

掌握语言，就会丰富个体对于语言背后的文化底蕴的了解，使个体感受不同的人文氛围，因为语言和文化是相互的。由于语言是陪伴人一生的一种生理和心理的功能，语言意识形态通过语言反射出了人的存在以及人的本质需求。而所有的语言意识形态都是语言个性必不可少的精神组成部分，是认识这个世界和在世界上生存的重要方式，并且也是一个民族文化背后的中心主义。因此，所有的语言意识形态都是在某种具体文化背景下所产生出来的，它也被民族文化所影响和制约着。语言意识形态和民族文化有着密不可分的关系，它们之间互相影响、相辅相成。人类在某种环境下的定位语言意识形态会起到很大的作用，是它勾勒出了语言世界图景的基础。

语言意识形态的特点有社会性、对话性以及创造性等。无论是个体语言意识还是民族语言意识，它们都是在历史文化背景和历史传承的影响下产生的。每一个人类个体在诞生的时候就处于一个特定的文化环境和历史背景，因为人类个体的成长环境不以主观意识为转移，所以不可能存在脱离文化历史背景的纯语言意识形态。

语言的意识形态因为是对周围事物的客观反映，所以在人类的历史中必然会受到民族生活地方的具体地理、气候等各种自然因素的影响，这种语言的反映过程也是差异性的呈现。不是因为语言的差异造成了世界各个地方的观念、民俗的不同，而是因为意识形态对外部事物的客观反映造成了语言在表达上的不同。由于在一个民族的生活中，具体的地理和气候等环境因素的影响，会导致不同的民族会有不同的语言形态，再加上语言意识的人本中心和民族特点，所以语言意识形态背后的文化含义也十分丰富。文化制约民族的语言意识形态，语言的表达是民族文化的一种反映，也是人类对于自身情感、情绪的总结。所以每一种语言意识形态都是对自身的社会认知和社会结构的定义，也正是因为有了语言才加强了文化的标志性。语言的意识形态也是文化的特殊表达形式，每一种文化都是通过语言的意识形态来体现这些标志的。

2.语言意识的影响作用

虽然语言迁移在语言学习中的影响是非常广泛的，但是，通过研究我们可以发现，语法是对语言迁移影响最大的一个方面，这种影响的大小就是因为学习者的语言意识会存在各种不同。在学习第二语言的过程中，很多学生会从语言的语法开始学起，而不太重视对发音、语音和语篇内容的学习。所以说，如果学生更加重视对语法的学习，那么在语言的实际使用过程中，学生会更加注意语法的使用正确率，错误地使用母语语法的现象会得到一定程度的改善。我们在学习的过程中，应该注意的一点是，母语的迁移需要一定的条件，只有母语的语言意识更强，迁移才会发生，如果第二语言强于母语的语言意识，那么母语的迁移行为就会受到一定的抑制。不过，这两种意识的区别不可能是非常明确的，而是会在使用的过程中混合在一起，并和跨语言的各种因素相互联系在一起。

（二）社会语言因素

1. 社会语言学

社会语言学是语言学下设的一门学科，研究的内容是语言对社会发展的影响，以及社会对语言的各种影响。研究语言和语言环境之间的各种关系，注重语言和文化之间的关系，对单词背后的文化历史背景进行研究是社会语言学最关心的问题。在不同的历史时期，受社会发展和文化的影响，语言不仅起着传递信息的重要作用，还具有社会和时代的一些共同特性。

从 20 世纪 60 年代开始，英国和美国等国家开始流行社会语言学理论，这一理论从各种学科理论中汲取养分，包括心理学、社会学、哲学、人类学等，并从语言的未来发展和语言的使用等方面开展研究，取得了巨大的成就。社会语言学发展的根本基点是社会，需要对语言的内容进行研究和分析，并总结出语言和社会发展之间的关系。社会语言学研究的领域十分广泛，包括不同区域的社会结构和这些区域之间所使用的语言变化。由此我们可以说，社会语言学是一门交叉的学科。

2. 社会语言的影响作用

学习者的母语迁移情况，会受到各种因素的影响，包括学习者学习的环境和使用目标语的环境，以及在社交场合中使用目标语的情况等。

我们如果从社交的情况进行分析，可以得出，负向的迁移会出现在一些"焦点场合"中，而"非焦点场合"出现负向迁移的问题就会较少一些。

我们接下来对这两个定义进行解释。

焦点场合就是指交际者在较为正式的场合下，成为令人瞩目的群体，也就是

"焦点群体"。所以说，人们会更加重视自身的言谈举止，在使用目标语进行交谈时，交际者会注重目标语的表达效果和正确语法。在这种情况下，他们会避免使用母语的语法随意表达。

非焦点场合就是交际者在较为放松的交际环境中进行人际上的往来，所以在非正式的场合下，他们也不会很注重目标语的表达是否是正确的，会使用母语进行交流，只要对方能够理解什么意思就行。所以在课堂中的负向迁移会较少，而在非正式的场合，出错的频率会增加。

在母语迁移的条件下，也是同样的道理，非焦点场合中母语负向迁移的可能要比焦点场合高一些。比如说，在课堂授课的情况下，学习者会因为"焦点群体"的作用，非常重视自己的语法是否正确，而在课下放松的环境中，可能就会出现一些错误，中介语的使用频率也会提高，学习者开始求助于母语的相关知识，在这种情况下，就会增加负向迁移的可能性。

另外，语言迁移在人际交往的过程中，也会因为交谈对象使用的语言而产生一定的区别。如果有英语学习者同时掌握了泰语和汉语两种语言，在实际的交流过程中，会根据交谈对象的实际语言进行语言上的迁移活动，在这个过程中，说话人会根据交谈对象所使用的语言进行内容上的调整，从而体现出自己的语言交流能力，还能显示出自己作为某一国家的一员，也体现了"集体一致性"的内容。所以说，学习者的母语迁移内容，会因为学习者的对话环境、人际交往情况、说话人和交谈对象的关系等，产生一定的调整。

3. 社会语言学与英语教学

（1）学科关系

社会语言学的内容一般指的是语言在社会交流中的使用。语言教学的过程中，会经常使用社会语言学的相关知识，并起着提高学生交流能力和语言实际应用能力的作用。在英语的教学过程中，社会语言学和英语教学之间的使用还有待挖掘，应该将英语教学和社会语言学的使用合理地结合在一起，最终的目的还是提升学生的学习水平和实际应用能力。

（2）影响

①教学方法

在这种情况下，经常会使用交际的教学法，目的是提高学生的人际交往能力。

让学生掌握知识不是这一教学法的目的，而是要让学生亲身参与实际的人际交往，提升自己的交流水平。交际教学法能够为学生的交流提供一定的氛围和环境，能够促进学生学习语言的积极性，提升学生的单词积累和语法使用正确率。如果从社会语言学的角度来理解，语言也属于文化背景的一部分。交际的语言种类会根据交际者的实际关系发生一定的变化，所以说，教师在实际教学中，不应该只注重对单词和语法的知识传授，还应该教授学生怎样在不同的交流环境下使用目标语的语言，这样才能提升语言的实际使用效果和学生的人际交往能力，并加强学生对目标语文化背景的理解。在学者的研究中，语篇指的是语言环境中具有连贯意义的句子和话语。在实际的英语教学过程中，语篇是一种语言的表达单位，是一种交际的使用工具。语篇的内容要在特定的文化背景中才能存在，而这种文化背景也可以叫作文化语境，就是语篇在一定环境中所表达的特定意义。另外，在实际的教学过程中，也要十分重视学生的交流能力。为了满足学生的交流需要，教学时就应该以语篇的教学为根本的出发点。第一，教师应该让学生从词汇开始对交际环境进行了解，让学生学会从实际的环境中运用表达和交流的方式；第二，提高交流的严肃程度，让学生在实际的交流中重视语法和句子的表达。根据社会语言学的理论，学生不仅能够从表面了解语言的形式和内容，还能够提升自己的实际表达能力。

②教学目标

人们在社会发展的进程中，不断提升对于英语教学的理解和认识。最近，有学者提出了英语教学目标具体化的观点。英语的教学目标如果从社会语言学的角度考虑，就是语言在交流过程中发挥的实际作用。语言具有很强的专业性，一国的语言就是一门专业的外语。比如，最近比较流行的特殊用途英语就是一种专门化的英语教学。在当前的情况下，我国一些高等院校已经建立起了科学合理的英语教学目标，并且也能够提升学生的表达能力和交流能力。非英语专业的学生，应该在学习基础的英语内容之后，丰富与自己专业有关的英语知识。另外，英语专业的学生应该从自己的未来发展角度考虑，并提升自己的专业水平。

③教学大纲

我国的英语教学一直存在一个问题，往往很重视学生所掌握的理论知识，而不够重视学生的实际交流能力和应用能力。语法知识是以往英语教学最重视的方面，但是只重视学生理论知识的掌握情况，缺乏对实际应用的教学，那么学生就不知道应该在什么场合、什么情况使用语言。情景教学大纲的主体是实际的教学情景和专题内容，它将单词和句子的用法紧密地结合在一起。大纲中还包括了实际交流过程中经常使用的语言结构用法。和传统的教学大纲相比，情景教学大纲更加实用。教师和学校更加看重交际能力，更加注重培养学生的实践和交流的能力。在这样的目标引导下，英语教学中出现了很多关于交际语言的教学大纲，比如威尔金斯提出的意念大纲。以新的大纲内容为依据，学生接受的教学内容不再是简单的单词或者句子，而是增进了学生对单词和语法的深入理解，并且开始重视结构的应用效果。另外，还有一些教学大纲能够对加强语法知识和提升交流能力起到很重要的作用。

④教学内容

教学的内容也在不断发生变化，这是大纲变化的后续影响。在以往的英语教学过程中，教学非常看重对学生语言基本知识的训练，但是当前的教学内容产生了一定的变化，开始重视对学生实际交流的锻炼，提升学生的实际对话能力，让学生在真实的语言环境中得到锻炼，从而让学生的语言使用能力得到提高。

（三）标记性因素

对比分析假说对学习语言中存在的困难和出现的错误进行了相关的总结，认为这些负面的影响和目标语与母语之间的差异关系比较紧密，因此认为，可以通过合理的预测对学习过程中可能出现的错误进行规避。但是，这一学说将"困难"和"差异"联系起来，并认为二者是相同的，有一定的简单化和绝对化倾向。随着研究的逐步深入，我们发现，不仅是语言上的差异会导致语言迁移发生变化，而且语言的标记性也起到了一定的作用。标记理论有这样一个基本的观点，即一些语言的特征比基础性的语言特点还具有特殊性。

（四）语言距离与心理类型学因素

1.语言距离的测量

在学术界，有很多学者一直在努力研究语言距离的测量方法。感知语言距离和客观语言距离是语言距离的两个类型。感知语言距离是参加测试者自己的主观感受，而客观语言距离就是语言之间本身存在的距离。这两种语言距离的测量方法是不同的，感知语言距离主要使用的是考试测评的方法，而客观语言距离的测量是通过编辑距离得出的。凯斯勒（Kessler）是第一个使用编辑距离测量语言距离的人。编辑距离是两种语言之间转化所需要的最少编辑数量，单位是字符串，也就是一种语言通过一定的逻辑进行转化，变化为一定的语音表达。罗曼（Lohmann）在研究经济和语言领域的关系过程中，发明了一种使用语言障碍指数进行测量的方法，将这一指数的范围规定为 [0—1]，并规定 0 是一个两种语言可以通用的假设值，而 1 是两种语言没有相似性的假设值，然后根据一些语料库的内容进行障碍指数的测量，然后再测试出语言的距离。

2. 语言距离与心理类型学因素的影响

语言距离是学习者的母语和目标语之间实际存在的差异，学习者自己也能够感受出两种语言的实际差异，所以，语言距离的定义可以从语言之间的实际差异考虑，也可以从个人的主观感受中得出。凯勒曼（Kellerman）是研究语言的学者，他认为在母语和目标语的学习过程中，目标语的学习效果会受到学习者个人对母语和目标语之间感觉的影响。也就是说，学习者学习的效果和效率受到自己感受到的语言距离的影响，也会受到学习者对目标语特征感知的影响，这些感知会影响学生语言迁移的实际效果，而这种感知的直觉主要是以母语的使用为基础的，凯勒曼将这种直觉称为"心理类型"（Psychotypology）。他的观点是，心理类型是语言迁移的最终因素，而不是语言的形式类型，但是语言的形式类型也会产生很重要的作用，如果一个语言的特征被认为是"少见的、不规则的、语义和结构上含糊不清的，或是在任何其他方面有例外的，这个语言特征都会被认为是有标记的"，这种语言的特征迁移就很难产生了。凯勒曼同时也强调了学习者的心理类型也是会产生变化的。

我们对影响语言迁移的各种因素进行分析，发现这些因素不仅有母语和目标语本身存在的差异，还有语言距离因素、标记性因素、社会语言因素等。对语言的研究不能仅仅从语言层面出发，还要考虑到社会、心理和认识等各种因素。

（五）其他因素

除了上文中提到的各种因素之外，学习者自身的特征和对语言的学习能力，也会对语言的迁移产生一定的影响。从学生的性格特征层面进行分析，学习者如果会因为学习语言经常产生不安、焦虑的情绪，这时，母语迁移的可能就会有所增加；如果从学生的认同心理方向进行考虑，母语的迁移也会因为学生的规则认同感而出现一定的差异，也就是说，学生越能够认同目标语的内容，母语的迁移影响就越小。

学习者的母语水平也会对语言迁移产生一定的影响。一般情况下，正向迁移会在学习者语言水平较高时出现。另外，课堂中是否重视母语和目标语的差异教育和说明，教材中是否会着重介绍目标语的文化背景，课堂练习的具体内容等，都会对语言迁移的效果产生作用。

第三节　语言迁移对大学英语教学的启示

一、语言迁移与二语习得

语言教学领域一直关注着语言迁移，并将其作为研究焦点之一。在外语教学领域，人们对语言迁移的认识几经反复，研究论题主要集中在标记理论认知、心理学理论和对比分析、假说三个方面，以这三个方面为基础来研究语言迁移。

这三种理论对于研究语言迁移的意义非常大，通过这三种理论，我们可以对母语迁移的原因进行解释，使我们在第二语言习得过程中的一些问题得到解决。现在大多学者对于语言迁移的对比分析假说框架研究较少，语言迁移研究更多的是在认知心理学理论框架内，但是，通过对比分析可以对外语学习提供一定的参考，如果遇到一些问题或者困难，通过对比分析可以找到原因，初学者在学习过程中遇到的困难往往能通过对比分析的结果体现出来。人的认知心理因素被不同程度地引入心理学理论和标记理论，这就会导致较强的主观性研究，同时，研究也会更难以操作。

（一）语言层面的迁移研究

语言的表达手段就是语音，语言学习者对于语音的学习是学习语言的第一步，语言的基本物质外壳就是语音。通常在进行语音学习的时候，人们很容易将母语的语音规律代入目标语的语音规律，也就是说，对于汉语母语者来说，很容易将汉语的语音规律代入英语，这种现象是中介语音的最直接体现。我们通过英汉语言的对比可以发现语音层面上可能发生的语言迁移。

英语和汉语两种语言差别很大，属于两种不同的语系，在语音系统中，并没有很多亲缘关系。通过比较汉语和英语的语音，虽然我们已经注意到二者之间存在巨大的差异，但是它们或多或少也存在着一些相同之处。学习者可以利用这些相同之处，同时尽量将消极的不同之处转化为积极因素，不要让母语影响到英语学习，降低母语的语言迁移。本节仔细研究了英语和汉语的语音对比，从三个方面来探究英语语言学习是如何被汉语迁移影响的。这三个方面分别是辅音与声母、元音与韵母、汉语声韵。

1. 从辅音与声母异同看语言迁移

我们可以举例说明，"明"（ming）中的 ng，在现代汉语中，我们将这个成分称为韵尾，这个例子就说明，在汉语中，虽然声母一般是辅音，但是有的辅音并不能作为声母。我们再举一个例子，比如"难"（nan）的读音中，前面的 n 是声母，后一个 n 作韵尾，所以汉语的声母与英语的辅音是不能完全等同的，二者之间存在一定的区别。

在英语单词 kiss 和 ice 中都含有辅音 [s]，汉语中也存在这个音，比如萨（sa），因此，母语是汉语的学习者就更容易掌握这个发音。汉语声母和英语辅音之间存在很多相同点和不同点，因此就很容易造成语言迁移，上述例子属于是两者之间的相同点，但是也有一些不同点，也就是说一些英语单词的语音在汉语语音中没有相似或对应的。以英语齿音 [θ] 和 [ð] 为例，汉语中并没有两个与之相似的语音，所以汉语母语者对这两个发音就很难掌握，但是由于受到汉语的影响，在不知不觉中就容易用相似的辅音 [s] 和 [d] 来替代 [θ] 和 [ð]，所以就很容易把 thank 说成 sank，把 those 说成 doses。

通过对比分析，我们可以发现，汉语声母和英语辅音之间的缺失或相似语音更容易造成语言迁移。两种语言由于声母和辅音之间的差异可能造成的迁移还存在于以下几个方面：

首先，通过比较发现，英语中的辅音很多都是成对出现，清、浊辅音都是同时出现的，但是在汉语中则不是如此，汉语拼音的声母只有 m，n，l，r 四个浊音，其余都是清音。比如，"派"（pai）与"拜"（bai），或者将其标注为 [phai] 和 [pai]，这是按严式音标标注的，这两种轻音的区分是送气与不送气，虽然英语也存在送气和不送气的对立，但是与汉语不同，汉语的对立是清辅音送气或者不送气的对立，英语的对立一般是送气的清辅音和不送气的浊辅音的对立。所以，中国学生学习英语的时候，很容易会忘记英语浊辅音需要带动声带，这就是用汉语中不送气的清辅音对英语中的浊辅音进行了代替，例如，英语中的 buy，中国学生就很容易将其读成汉语"拜"，但是这与英语发音的习惯是完全不符合的，还有就是容易将英语中的清辅音发成送气音，spy 容易被误读成 [sphai]，这种读法也是不准确的。

其次，在现代汉语中没有复辅音，比如 zh，ch，sh，虽然是由两个声母组成，但是它们表示的是一个辅音。汉语中，无论是在音节的开头，还是在音节的结尾，都没有两个或两个以上辅音连接的情况。而英语中就有很多两个以上的辅音连缀的情况，无论是在词首还是在词尾，都有可能会出现两个或两个以上的辅音，例如 splendid，strength，triumph，sixth 等，这比起汉语的发音要更自由一些。正是由于英语和汉语之间的差异，中国学生在学习英语的时候很容易在辅音之间加入元音，比如把 clean 读成 [kə'li：n]，把 glimpse 读成 [g θ ' limps]。

最后，英语的结尾常常可能会赋有辅音，但是在汉语的音节末尾，通常只会出现 n 或 ng，其他的一般都是元音。所以中国学生就很容易在英语辅音后加元音，比如 and，blind 分别被发成 [ændə] 和 [blaində]，这种读法都是不正确的，不符合英语的发音习惯。

2. 从元音与韵母异同看语言迁移

现代汉语和英语中虽然有类似的韵母和元音，但它们并不是完全等同的。汉语中的单韵母只有 6 个，分别是 a，o，e，i，u，ü，汉语中的韵母很多都是由复元音或单元音构成的，也有由元音带辅音构成的。我们可以举例说明，如大（da）、家（jia）中的 a 和 ia；根（gen）、孔（kong）和光（guang）中的 en、ong、uang。在英语中有 12 个单元音，[i：][i][e][a]4 个前元音，[ə：][ə][ʌ]3 个中元音，[u：][u][ɔ：][ɔ][a：]5 个后元音。英语中的这些元音虽然与一些汉语拼音中的单元音韵母发音相似，但是也有很多不同的地方，所以中国学生在进行英语学习时，对英语的发音掌握会产生一些困难。

在英语学习中，如果汉语与英语有一些相似的发音，那么这种相似性会促进学生的英语学习，但是如果没有相对应的发音，那么就会使学生产生错误的读音，导致母语负向迁移。例如，英语中的单元音 [æ]，汉语拼音中就没有相似的发音，尽管复韵母 ai 与之相似，但实际上二者的发音有很大的差距，这就是母语汉语对英语学习造成的干扰。韵母 ai 发音的舌位更靠后，在发音时，面部肌肉松弛，两唇之间只有一指的宽度，而在发 [æ] 音，则要求口尽量张开，面部肌肉紧张，一般要求两齿之间有二指宽的空隙。还有汉语中韵母 ai 与英语的双元音 [ai] 也是不同的。在发音时要注意发音准确，双元音 [ai] 要使后元音 [a] 迅速滑向前元音 [i]，否则就可能会发生误读，比如把 back[bæk] 读成 bike[baik]，把 cat[kæt] 读成 kite[kait] 等。

3. 从汉语声韵拼合看语言迁移

音节是现代汉语语音的基本结构单位，一个或几个音素组成音节，是最小的语音单位。通常情况下，一个音节指的就是一个汉字的读音，声母、韵母和声调构成音节。声母和韵母的拼合是有规律的，其拼合关系的依据是声母发音部位和韵母韵头的发音情况。

接下来，我们将对普通话中声韵拼合的一些基本规律进行介绍。

规律一：z、c、s 舌尖前音，g、k、h 舌根音，zh、ch、sh、r 舌尖后音不能拼合于撮口呼、齐齿呼韵母，能拼合于开口呼、合口呼韵母。

规律二：能跟四呼韵母拼合的是 n、l 舌尖中音。

规律三：拼合于开口呼韵母的是 f 唇齿音，而且 f 唇齿音只能跟其进行拼合。f 唇齿音跟齐齿呼、撮口呼韵母不能拼合。

规律四：j、q、x 舌面音不能拼合于开口呼、合口呼韵母，只能拼合于齐齿呼、撮口呼韵母。在拼合韵母时，j、q、x 舌面音与舌尖前音、舌根音和舌尖后音是互补的。

规律五：b、p、m 双唇音和 d、t 舌尖中音不能拼合于撮口呼韵母，能拼合于齐齿呼、开口呼、合口呼韵母，u 只能跟双唇音拼合。

通过上述规律，我们可以知道，汉语中并不是所有的声母和韵母都能拼在一起，这会使得中国学生在学习某些英语单词时发音困难，从而对英语学习产生负向迁移。例如，h、g 舌根音不能与类似 i 的齐齿呼韵母相拼，汉语普通话中没有 hi、gi 这样的音，但是英语中经常会出现近似音。辅音 [h][g] 和元音 [i：] 经常会搭配出现，如 heat[hi：t]，geek[gi：k] 等，但是因为汉语中没有这样的发音，所以在英语学习的过程中就很容易遇到障碍，这就是负向迁移的结果。受到汉语的影响，学习者很容易将 heat 和 geek 两个单词读作 [heit] 和 [geik]，这在汉语中是有类似发音的，比如"黑"（hei）和"给"（gei）。由 h、k 等舌根音与 ei 等开口呼韵母相拼合，这种现象虽然与汉语的发音规律相符合，但是在英语学习中并没有这样的发音，所以按照汉语习惯来发音是不正确的，通过这个例子也可以解释中国学生为什么会在发音方面出现类似的错误。在进行英语学习的时候要尽量避免这种汉语不能拼合的声韵，从而减少负向迁移的出现。

（二）词汇层面的迁移研究

在学习英语中介语的过程中，中国学生几乎从一开始学习就会发生词汇迁移的现象，而掌握的词汇越多，这种现象也就更容易发生。虽然汉语和英语在词汇语义等方面存在着相似或者对应的情况，会有正向迁移的现象发生，但是毕竟两种语言语系不同，所以其差异还是非常明显的，而这些差异就容易造成负向迁移。所以为了探究英语学习过程中词汇迁移的现象，我们将从词汇语义迁移和词汇搭配迁移两个方面来进行讨论。

外语学习者在词汇语义迁移中，经常会不自觉地使用目标语，也有可能会自觉地用目标语来对一些词汇进行理解，这种情况的出现是由于母语系统的固化对目标语的学习造成了影响。所以，在进行词汇学习的过程当中，学习者很容易将新的词汇与母语中词意相近的词条进行对等看待，这就是"假定同义性"。我们可以举个例子，中国学生可能会写"You may live in my home for a while"。这个句子是错误的，这就是由假定同义性所造成的。汉语中的住不仅表示长期的居住，还表示暂时的逗留，但是英语中则只表示长期的居住，所以此处用"live"是不合适的。假定同义性就是将汉语中的某个词与英语中的某个词的释义完全对等起来，这就容易产生词汇语义迁移的现象。但是在实际的应用过程当中，这种表面上看起来相似的同义词，它们的语法特征却表现出很大的差异，例如，"Then we should recognize it and against cheating in the exam"。这个句子里，学生将"against"与汉语中的"反对"进行了语义对应，但实际上，这两个词是完全不同的词性，两个词语之间的差距很大，语法特征完全不同。

同时，词汇搭配方面也会出现词汇迁移。词汇的搭配指的是词汇的同现关系（Co-occurrence relationship）。一种语言通常都会有特定的词汇搭配关系，但是第二语言和母语是不同的，尽管它们可能在词汇意义上有一些大致对应的词汇搭配，但是几乎没有几组单词能够有完全相同的词汇功能，所以往往在词汇搭配上容易产生负向迁移的现象。比如 open，我们通常会用到的词组是 open your mouth，open the door，但是由于受到汉语的影响，学生常常将 open 翻译成打开、翻开等意思，从而就容易出现 open the light，open the radio 等错误搭配。表面上用汉语直译打开灯、打开收音机没有问题，但是实际上在英语中根本就不会这么用，open 不可能和 the light/the radio 等词语进行搭配，所以在进行词汇搭配的时候要注意英语和汉语含义之间的区别。

（三）语法层面的迁移研究

语法一词有很多含义，比如转换生成学派认为语法包括句法、语义和语音，是对语言的系统描述；英国语言学家韩礼德则认为，语法只包括词汇、句法和形态研究。通常情况下，语法指的就是组词的规则和造句的规则。英汉两种语言差异较大，但是两者之间并不是完全没有相似性，而中国学生在进行英语学习时，恰恰可以利用这种相似性来使得汉语正向迁移。

1. 综合语与分析语

德国的语言学家施勒格尔提出了分析语与综合语的概念，他提出这一概念的依据是不同语言的词性语法特征。根据语言类型学，我们可以将现代汉语归类为典型的分析语，因为现代汉语形态变化并不严格，语序是其语法关系的主要表示，或者是通过独立的语法助词来表示语法关系。我们将英语归类为综合分析语，英语语序比较灵活，它的变化并不复杂，有较多的虚词，并且会在语言运用的过程中频繁出现，所以英语不属于典型的综合语。正是由于英语和汉语属于不同的类型，所以如果在第二语言学习语法结构的过程中遇到困难，学生就很容易将母语的语法结构迁移到第二语言学习中。

首先，在形态变化方面，英语中普遍表达语法的意义都比较曲折变化，以名词为例，一般情况下英语的名词都会有单复数的变化，除了单复数一致的名词，英文大多数可数名词的复数就是通常直接加 -s/-es 作为后缀。而在汉语中，人称代词后面加"们"，比如你们、我们、他们、它们，或者在人称名词后加"们"，如学生们，有时在名词前面会加一些限定词，比如"许多""一些"等，这些都可以表示复数。汉语的复数形式不和数词连用，副词"都"可以表示主语或宾语的复数意义。受到母语汉语的影响，中国学生在英语学习中很容易忘记复数形态的变化，比如，有学生会写出 a large number of magazine，这是因为在汉语中"杂志"不用变化，但是在英语中是需要变化的。

其次，在语序方面，汉语对于语序有着更严格的要求，因为汉语是分析语，更多地会依赖语序，而英语在语序方面，相比汉语要稍微自由一些。在进行翻译的过程当中，逐字翻译往往可能导致语序方面的错误，这种翻译符合母语语法结构，但是与目标语的语法结构是不符合的，因此这种逐字翻译是不准确的。我们可以举个例子进行说明，比如汉语和英语的状语位置，汉语的状语通常位于被修饰语之前，汉语作为一种左向分支语言，更多的情况是将状语放在动词之前，比如"你应该尽快乘飞机去那里"和"我们通过努力能够实现这个目标"，在对这两句话进行翻译的时候，中国学生容易逐字地进行英文翻译，从而会使得状语落到动词之前：

You may by plane get there as soon as possible. We can through our efforts achieve this goal.

这句话的翻译，汉语痕迹太重，尽管没有违反英语语法规则，但是在表达习惯上并不合适，因为英文中很少将状语放到动词之前，英语中的状语位置较为灵活，但还是要尽量符合英语的表达习惯。英语和汉语都具有分析语的特点，语法关系都是通过丰富的虚词来表达的，正是因为两种语言都含有大量的虚词，所以英汉语言中虚词的用法各不相同。英语虚词包括助动词、介词、冠词等，汉语虚词包括介词、助词和连词等。其中，冠词是英语的虚词，而在中文中则没有这种范畴，英语中 a（the）book 在汉语中的表示是数词"一"加上量词"本"，或者是指示代词"这"加上量词"本"，英语中冠词还分为定冠词和不定冠词，在汉语中根本就没有参照，这就会使得学生在学习过程中容易出现困难和障碍，对于不定冠词 a/an 和定冠词 the 的使用方法不明确，可能有的地方该加 a/an，但是却用了定冠词 the，也可能忘记加上冠词。这些情况都是由于受到了母语的影响，如 pay attention to (the) expressions used inthis context.

2. 形合与意合

形合就是指用关联词等语言形式手段来连接句子的词语或分句，以此来对句子的语法意义和逻辑关系进行表达。而意合就是指不用语言形式手段对词语或分句进行连接，词语或分句的含义可以表达句子中的语法意义和逻辑关系。汉语造句大多采用意合法，而英语造句常常采用形合法，所以在汉语中通常会进行很多省略，因为汉语注重的是只要能够将语境中的意思表达清楚即可，至于句子中的成分几乎都可以省略，所以这种特点往往会造成英语学习的阻碍，英语中并不经常用这种意合的省略，这就容易导致负向迁移。

首先，在英语中，小品词（Particles）的使用就是英语形合的一个表现，很多动词要求小品词 to 搭配不定式结构，但是在汉语中通常会对小品词进行省略，这就很容易引起语言迁移。在英语学习过程中，如果学习者按照汉语结构对英文句子进行逐字翻译，那么就容易导致小品词的省略，从而导致翻译不准确，或者准确但是生硬，这就会导致英语学习的负向迁移。

其次，英语语句中要求要有显性主语，因为英语是一种主语突出（Subject prominent）的语言，主语在英语中是不可缺少的，就算一个句子没有主语，通常也会给句子加上一个形式主语，比如 It is raining outside，这主要是由于在英语中谓语成分的变化是依据主语进行的，所以必须要有主语，这样谓语才能进行相应的变化，没有主语，谓语就不知道该如何定形、如何定式、如何定态、如何定体，其动词人称和数的变化就无从进行，所以英语不能缺少主语。但汉语却是可以省略任何成分的，包括主语，汉语是主题突出（Topic prominent）的语言，句子的主语和谓语关系不像英语那样联系那么紧密，即使没有主语，这个句子依旧是成立的，是符合汉语表达习惯的，主谓之间的疏松关系使得汉语句子即使失去主语也能将句子的主题思想表达出来。正是由于英汉语言的这种不同特点，所以汉语中主语省略可以引起语言迁移。

二、语言迁移与大学英语听力教学

（一）语言正向迁移

近几年，已经有很多研究证明，对母语的掌握程度会影响外语学习。所以此处将会探究英语教学中汉语的正向迁移是如何影响英语学习的，主要是为了找到合适的措施来通过母语的正向迁移，提高学生的学习效率，使得学生对于英语学习感到更轻松。所以接下来，我们将具体分析汉语单句正向迁移是怎样影响英语听力的。

1.影响表现

我国语言学家认为，在学习者进行第二语言学习的过程中，其原点都是自己的母语。

在英语听力中，汉语单句对其就有着正向迁移的作用，这种正向迁移作用主要体现在以下几个方面：

（1）词汇

要掌握很多词汇，才能够在英语听力中取得较好的成绩。英语和汉语之间词汇的含义有着一些相似性，因为其词性主要都是名词、动词、副词、形容词、感叹词、连词、介词等。英语和汉语有大量的词语的含义是相同或者对应的，比如"母亲"对应"mother"，"医院"对应"hospital"，"衣服"对应"dresser"，"电脑"对应"computer"。

（2）语音

拉丁字母是汉语的基本组成部分，与英语音标有着相似的意义，在汉语和英语中有很多发音都是相似的。

教师在教学的过程中会发现，刚开始接触英语学习的学生会用汉语的字母发音来代替英语发音，这种现象是很正常的，主要是由于初学者刚刚接触英语，所以不可能马上将英语的发音掌握熟练，他们就选用自己相对比较熟悉的母语来代替，但是经过长时间的学习和纠正以后，大部分学生都是可以将发音改正过来的，这种方法是一种非常好的替换方法。如果能熟练掌握这些语音，那么在英语听力中就能够进行正确的理解，从而取得较好的成绩。

（3）句子

汉语和英语单句有着一定的类似性，两者的句子都是由主谓宾定状补等基本成分组成，主语和谓语是最基本的成分，所以有很多句子只需要按字面意思直接翻译就可以。

有些句子可以进行直译，不需要添加任何助词，例如 he is handsome boy，中文是"他是个帅气的男孩"；I like eat apple，中文是"我喜欢吃苹果"；she study very hard，中文是"她学习非常努力"。

从句子语态上分，可以分为被动和主动两种语态；根据句子语气不同，还可以将句子分为陈述句、疑问句、否定句、祈使句等。这样进行分类，可以更好地理解句子，从而使得听力能够更顺利地进行。

2.发挥汉语单句正向迁移在英语听力学习中的作用

无论是在学习中还是在生活中，我们经常能够看到母语正向迁移对第二语言学习的影响，这种正向迁移可以促进英语学习，人们应该考虑如何利用这种正向迁移来促进第二语言的学习。我们在学习英语的过程中，可以将汉语单句和英语听力的学习联系起来，教师也应当充分发挥汉语单句的作用来促进学生的英语听力学习，因为听力在英语学习中非常重要。接下来，我们将分析教师应当如何采取措施来使得汉语单句正向迁移在英语听力中发挥作用。

（1）教师提高自身文化素养

从狭义上说，语言承载着文化，很多词语都有丰富的文化含义。英语教师要想将这些文化含义传授给学生，那么自身就必须要拥有足够深厚的文化素养，只有自己对英语文化有着充分的了解，才能够将知识传授给学生。我国大部分的英语教师并没有出国学习的机会，并且与外国人交流的经验也十分有限，所以，在有限的条件下，英语教师应该多了解外国文化，通过阅读外国的名著或者通过观看外国的电影、电视剧来接受英语文化的熏陶。只有教师自身有足够的英语文化知识储备，才能将学生教好。教师文化素养高，学生的英语学习才能得到教师更好的帮助。

（2）培养学生综合运用知识

学生要在听力中掌握说话人的意思。为了使听力更好地进行下去，学生应该对自己所掌握的语言知识进行充分的运用，这样才能更好地对英语听力材料进行理解。在英语听力中，可以将汉语单句理解的能力迁移到其中，使得母语的正向迁移起到作用。比如教师可以先将听力的背景知识普及给学生，学生就可以更好地对听力材料进行理解，这样在听力进行的过程中，学生才能够更轻松、更容易地理解材料中的内容。

（3）避免汉语单句负向迁移

英语听力会受到汉语单句正向迁移的影响，那么同样的道理，汉语单句负向迁移也势必会影响到英语听力，所以在进行英语学习的过程中，要尽量避免这种负向迁移的影响。学生应多进行英语训练，教师要多向学生讲解，使学生对英语的掌握更加深入，只有对英语有了更深的理解，才能尽量避免汉语单句的负向迁移的不利影响。

英语和汉语在语音上有着很大的区别，英语强调清、浊辅音，但是汉语对清、浊辅音并不会经常强调。所以教师在进行英语教学的过程中，应该对英语的清、浊辅音进行强调，否则学生往往无法对英语的发音进行正确的辨析，从而影响到英语听力。所以在英语听力的学习中，要克服汉语单句的负向迁移的不利影响，将正向迁移的作用发挥出来，使学生的英语听力取得好的效果。

总而言之，我们要在英语听力的学习过程中和汉语单句相联系，找到它们之间的相似性，发挥汉语单句正向迁移的作用，通过这种相似性来学习英语。在进行外语学习的过程当中，将母语和第二语言对比是非常有利于对第二语言进行深入了解的，而且能够将母语的正向迁移作用发挥到极致，使人们了解英汉两种语言的各种结构和使用手法，同时，对于各民族的文化特征也能够进行更好的了解；在阅读文学著作的时候，也可以更好地对一些修辞手法的结构特征进行研究。这无论是对于英语学习还是汉语母语本身的学习来说都有很重要的意义。所以要将汉语单句和英语听力学习联系起来，通过汉语单句的正向迁移作用来促进英语听力的学习，使得英语听力的效果越来越好。

3. 合理利用汉语正向迁移促进英语听力理解

有些研究者注重汉语负向迁移的作用，而忽略母语思维在二语习得过程中的必然性，从而导致二语学习者在被迫摆脱母语思维、建构目标语思维框架时会产生焦虑心理。听力过程是听者语言知识、背景知识、输入信息的声学信号相互作用的复杂心理过程。而听力理解则是由语言阶段、认知阶段、元认知阶段共同组成的。下面主要从听力理解的三个阶段入手，立足汉语正向迁移理论，结合具体例证，探讨如何促进英语听力理解。

（1）听力理解

语言学家魏道森（Widdowson）指出："听力理解过程绝不是一种单纯的语言信息解码过程，而是一种解码过程与意义再构建的结合。"也就是说，听力理解过程不仅仅是要了解句子的词汇、句法和意思等，更要在听力理解的过程中，对自己之前所掌握的知识和经验进行运用，根据自身对语言的理解来加工信息，从而根据这些信息来进行假设、推测和预测，最终得出结论。在一般情况下，英语学习者听力理解困难的原因主要包括：有很多不认识的单词，听力内容不熟悉，句子结构复杂，英语听力的语速太快，还有就是听者的状态不好。有很多学者对听力进行了研究，也得出了不少理论。接下来，我们将着重介绍两个人的理论。安德森从三个方面来对听力进行理解，这三个方面分别是感知处理（perceptual processing）、切分（parsing）和运用（utilization）。这三个方面彼此联系、循环往复。肯尼斯将听力理解分成五个部分，分别是信息解码（decoding message）、听觉记忆（auditory memory）、信息感知（perception of message）、运用所学语言使用或储存信息（use or store message）、辨音（discrimination）。

①语言阶段

在听力理解中，语言阶段是初级阶段，学习者在这一阶段对相应的信息进行整理和加工，将自己所掌握的语音语法知识结合目标语的句法、语音、词义等，分解破译相关信息，从而对英语听力中的语意进行理解，最终达到理解英语听力材料的目的。

②认知阶段

在英语听力中，认知阶段是第二阶段，在这个阶段，已经有了一定的基础知识作为储备。所谓认知，就是转换分析、加工、存储、恢复，然后进行输入的全过程。对于新知识和新的信息进行加工的过程，就是对听力进行理解的过程，这个过程是十分复杂的，所以我们在探究听力理解时，可以采用图示法，通过对这一过程的分析，掌握其中的规律，从而促进对英语听力理解的学习。

美国心理学家鲁姆哈特（Rumelhart）对图式的解释就是人长期记忆的一种知识结构，也就是说，在人脑中存在着各种等级和各种层次的图式，这些图式不仅可以被相关的提示激活，同时还可以引发相关联的图式。在英语学习中，如果遇见某个单词，也可以激活我们大脑中的图式。所以在学习者接收到某个有意义的词汇的时候，他的脑海中就会产生与之相关联的词汇，也就是说，他脑海中的图式被激活了，这就是听力理解的认知阶段。

③元认知阶段

在听力理解中，元认知阶段是高级阶段。元认知是对认知活动的升华，是对人认知活动任一方面知识的调节和反映。元认知活动可以通过各种方法，比如监控、计划和评估等，来调整和监控认知过程，例如对学习效果进行评价，根据学习任务对学习方法和策略进行调整。

（2）合理利用汉语正向迁移

在语言学习的过程中，我们多多少少都会用到母语的思维，所以没有必要过分强调要脱离母语思维，过分强调只会给我们带来焦虑，这时就要学会对汉语正向迁移进行合理的利用。汉语的正向迁移对英语听力的促进作用主要有三个方面，分别是语音、认知、元认知。合理利用汉语正向迁移，可以提高学习效率，从而使学生更加主动地进行英语听力的学习，对英语听力学习也会越来越有热情。

①语言阶段

听力理解的初始环节就是语言理解阶段，具有足够的语言储备，才能够进行认知与元认知，这是一个基础的保障。英汉两种语言具有一些相似性，所以我们要从多个层面来探讨如何对正向迁移进行利用。这些层面主要包括语音、语调、词汇、句法等。

语音、语调掌握：语言学习的基础环节是语音、语调，学好了语音、语调对于我们学习英语是非常有帮助的。英语和汉语的音标都是由两个部分组成的，即元音和辅音，而且两种语言的发音部位也是相同的。元音的区分主要是通过发音部位的前后高低和圆唇程度，汉语和英语都有唇齿音、双唇音、硬腭音和软腭音。虽然英语和汉语的部分音素差别还是很大的，但也有一些音素是非常相近的。在英汉两种语音系统中，描述鼻辅音也可以用同样的区别特征。汉语的浊辅音只有5个，清辅音比较多。而英语和汉语是不同的，英语中的清、浊辅音大多都是成双成对出现的。汉语中有很多发音比如 bo，te，de，ge，po，ke，因为其都是以元音结尾，所以没有真正意义上的爆破音。但是对其中的规律进行认真探索之后就会发现，如果将其中的元音去掉，对于英语中的爆破音就会产生相应的理解。

英语属于语调语言（intonation language），汉语属于声调语言（tone language），汉语中词的含义受到声调的影响，但是在英语中，音调并不会对词的含义造成影响。语调传递的是说话者的态度和语气，但是在交流过程中，也可能会造成对词性的改变。汉语和英语在语流方面也存在一些相同的地方，比如它们都会对自己着重想要表达的部分进行重读，断句也是根据语意来进行的，同时英语和汉语的肯定句和陈述句都为降调，怀疑和疑问都是升调，都可以通过语调传达自身想要表达的意思。通过这些特点的论述，我们可以掌握两种语言之间有一些相同之处。

在听力理解的过程中，可以利用汉语语音语调的掌握来促进英语听力的理解，从而尽量在最短的时间内掌握英语的发音规则，从而理解在英文语境中对话的含义。

词汇学习的促进作用：现在对词汇的研究主要是从词根和词缀来进行的，同时，还会对词语本身的含义以及一些引申义进行研究。

研究发现，词汇误用大致有三个层面，分别是替代性误用、词类误用、词汇冗余和缺失。

替代性误用主要发生在近义词间，或者没有对词的含义进行正确的理解，又或者不知道词汇的正确用法，使用词汇不符合上下文语境。词类误用就是句中混用了同义但不同类的词。词汇冗余和缺失就是添加了没有必要的词语和本来应有的词语没有添加上。

有的学习者将"agriculture society"作为"农业社会"的翻译，这种翻译是错误的，其正确的说法应该是"agricultural society"。在词语学习的过程中，应该注意到"农业社会"中的"农业"是一个形容词，如果仍旧将其作为名词，那就是在理解上出现了失误，对于英汉两种语言之间的差异还是不清晰。这种词类混用的现象可以归咎于负向迁移的影响。在第二语言学习过程中应当注意对词的内涵进行了解，知道词语的本质特征，这样才能正确转换，使翻译更加准确。

②认知阶段

听的过程就是一个主动加工信息的心理语言过程。听的过程经历了三个阶段，分别是连续音流感知切分、辨识片段与原有知识配对、辨识片段加工储存。这是从一个人接收到外部的声音信号，到内部产生听觉理解的过程。也就是说，如果一个外语学习者要想达到理解的程度，在听到语言信号的时候，人的思维就要与其取得某种瞬时的联系，自身所储备的语言知识背景也要与所听到的信号相结合，之后通过某种认知策略，用文字的形式来对语言信号进行表现，从而达到对语言信号理解的程度。研究发现，在进行听力理解的过程中，外语学习者要调动自己大脑中多方面的知识，包括语音、句法和词汇的知识，还有与语言背景相关的知识，对听力材料进行短时记忆，通过记忆与自己的知识相结合，从而进行加工处理，最终理解听力材料。在学习听力的过程中，母语思维势必会影响到听力理解，所以盲目要求学习者脱离母语思维来进行思考是不科学的，应引导学习者充分利用母语思维的优势，通过母语在大脑中的信息图式或结构框架或知识网络，来与外语听力的新知识相匹配，最终理解外语听力材料的内容。

③元认知阶段

听力理解的过程是一个积极互动的过程。在这个过程中，要进行创造革新，根据语言材料所提供的线索来与自己的背景知识和社会经历相结合。在元认知的过程中，对听力材料的内容进行接收与整合，从而丰富自己的语言知识库。

听力理解的过程就是双方进行交际的过程。在面对面的语言交际中，说话者可以通过听话者的身体语言和面部表情来判断其是否了解了自己的意思，这是一个双方磋商的过程，如果听话者表现出不理解，那么说话者就会对自己的语言进行调整，同样的，听话者也可以用语言或非语言的手段来表明自己是否听懂了说话者的意思。听话者通过这种方式来与说话者进行磋商，在不断调整的过程中，使得说话者的意思能够得到理解，从而双方的交际变得更有效。

（二）语言负向迁移

1. 语音差异中的对比分析理论简述

20 世纪 50 年代，美国语言学家提出了对比分析理论，该理论是针对外语教学提出的，是结构主义语言学和行为主义心理学相结合的产物。该理论提出后，得到了不断的完善。

对比理论就是在外语教学中通过对比不同的语言系统，找到二者的异同，并将这种异同运用到外语教学中，促进外语教学效率的提高。在第二语言学习的过程中，学习者往往会受到母语的影响，无论是在语法和语言上，还是在认知形式上，用第二语言沟通都会产生母语迁移的现象。语言迁移包括语法词汇和语音等方面的正向迁移和负向迁移。

英语学习者在刚开始进行英语学习的时候，汉语的语音、语法和认知模式往往都会对其产生影响，无法理解英语听力的真实内容，或者歪曲听力的意思，从而产生负向迁移的现象，这就不利于英语听力的学习。

2. 汉语语音对英语听力理解所产生的几种负向迁移现象

通过对英汉两种语言体系进行对比，我们可以发现，英语和汉语所属的语音体系是不同的，产生的常见的负向迁移现象至少有三种。

首先，英语是语调语言，而汉语是声调语言。汉语的声调分为四种调值，分别是阴平、阳平、上声、去声，文字的声调不同，其含义区别也很大。

在汉语中，可能发音相同、声调不同就会产生完全不同的意思，比如说，"妈"和"骂"，所以在汉语中强调声调必须准确。而英语中并没有汉语的四声调，英语句子的感情色彩是通过语调来进行区分的，通常分为升调和降调。升调表示说话者态度热情，而降调就意味着说话者态度冷淡，所以，当我们对英语句子的语调进行理解和掌握时，就可以通过语调来判断说话者的态度。在英语学习的过程中，受到汉语重视声调的影响，学生往往试图听清楚英语中的每一个单词，但是这样往往会导致焦虑，因为遇到生词或者听不清的单词，可能就会感到不知所措，而应当从全面的角度来对说话者的语调进行判断，从而对其句子含义进行推断。

其次，英语是重音计时，而汉语是音节计时，两种语言系统对音位分析不同。汉语的每个音节都要重读，句子中每一个字都是一个节拍，音节数量的多少决定了读句子所需时间的长短。而在英语句子中，重读音才是主角，轻读音只是一个陪衬，英语的节奏模式被称为"等时距"。也就是说，两个重读音节之间，虽然可能会出现不同个数的非重读音节，但是出现的时间间隔却是几乎一样的。在英语中，通常名词、形容词等实义词是句子的关键和重心，需要重读。

英语和汉语是不同的，汉语中音节的多少直接决定了读句子所需要的时间，而英语读句子所需的时间是由重读音节的数量而决定的，而其他非重读音节的数量并不会对时间产生很大的影响，这就容易导致负向迁移现象的出现。在进行英语听力理解的过程中，学习者容易受到汉语每个音节都要重读的影响，不能很好地对英语句子中的重读单词进行判断，从而抓不住句子的关键，难以理解句子，使得英语听力的难度增加。

最后，英语和汉语是两种语言系统，它们的音素有很多差别很大，不是完全对应的。声母、韵母和声调组成了汉语的基本元素音节，在汉语中，21个声母充当的是辅音的角色，而39个韵母充当的是元音的角色。但是在英语中音位总数有多少是不确定的，并且还有很多派别对这一问题进行讨论，肯杨（J.S.Kenyon）一派认为，英语中的音位有44个，而克里姆森（A.C.Cimson）一派认为英语中的音位共有47个。汉语语音系统中的一些辅音音位和英语语音系统中常见的辅音音位是相似的，但是汉语中没有英语中的长短元音，也没有类似于同化、弱读和连读等语音现象。正是由于这些方面的不同，汉语母语学习者在英语听力学习的过程中，会出现很多困难，汉语中的习惯会影响到英语的学习。

3. 语音负向迁移对英语听力教学的启示

只有深入了解负向迁移现象，并对其原因和影响机制进行分析，才会对英语听力的教学产生助力。

首先，在听力教学中，教师应当意识到英语语音知识是学生必须要学习的，学习者在学习语音知识的过程中，势必会受到母语表达习惯和思维方式的影响。在学生不适应英语的语言习惯和表达方式的时候，教师要加强语言知识的教学，从而使得学生解码英语听力的信息，提高英语听力理解能力。

其次，在英语听力教学的过程中，要让英语学习者有针对性地进行精听和泛听，从而对英语句子中的关键词进行捕捉，使其辨音能力得以提高。反复进行精听训练，可以使学习者对单个语音进行辨别，从而对英语中语音连读的现象进行适应和习惯，而泛听则是让训练者对听力内容进行推测，通过句子的语气、语调来判断听力内容。精听和泛听相结合的教学策略，有利于克服汉语带来的负向迁移作用。

最后，在进行各种朗读和听力训练的时候，可以将各种游戏穿插于课堂中，使得学生通过游戏的方式来强化对英语语音语调的掌握，寓教于乐，从而拥有更扎实的英语听力基础。

三、语言迁移与大学英语学习方法

（一）英语学习中的汉语负向迁移现象

许多研究表明，语言迁移现象产生的原因是文化差异。学习者的母语如果是汉语，那么他就容易在学习英语的过程中直接用汉语的思维习惯和结构规则来学习英语，而这两种语言之间的冲突就会造成语言负向迁移现象的产生。在进行英语学习的过程中，中国学生存在的汉语负向迁移现象主要包括以下几个方面：

1. 语音系统的负向迁移

每种语言的语音系统和发音规律都是特有的，所以在进行英语学习的过程中，学习者肯定会受到汉语发音的干扰和影响，这些影响主要体现在音度和重音两个方面。

（1）音度

音度是音系学术语，是一种语音界限特征，可用来划定词素、词、小句这类语法单位边界。在汉语中，字和字之间的过渡是语言上的间断，字和字之间有着比较清晰的分隔。例如，"音度"念成"yin du"，两个字的读音的音节必须要清楚地分开，元音和辅音不能拼合在一起，但是在英语中，元音和辅音是可以拼合在一起的，并且还会出现"连奏音"的方式过渡。在朗读英语文章的时候，中国的学生常常会受到汉语发音习惯的影响，把词与词之间的分界念得非常清楚，但是这往往会导致句子听起来非常突兀，不够平滑。

（2）重音

重音就是读一个音节时，发音器官所使用的气力强度听起来比较明显，用力比较大的音节。在汉语中重音不能辨义，但是在英语中因为重音不同，很多英语单词都表现出了不同的词性或者词义。例如：present ['present] n. 礼物，[pri'zent] v. 赠送。

英语中的重音和汉语中的声调有一些类似，但是在汉语中，重音几乎没有特别的作用，语言重音在词语中也不会起到辨义的作用。

2. 语法系统的负向迁移

如果英语学习者没有足够的语法和句法知识，就会用母语的语法知识来对英语的句子进行判断和推测。当母语和目标语的意义相同，但是语法形式差别很大的时候，就会产生语法层面的负向迁移，这种负向迁移主要表现在结构和语序上。

（1）结构

在结构上，英汉两种语言差异很大，所以往往会出现句法层面的负向迁移，产生中国式英语（Chinglish）的现象。

例如：桌上有些书。On the desk has some books.

纠正：There are some books on the desk.

中国学生在学习英语的过程中，非常容易出现这些错误。英汉两种语言属于不同的语言系统，英语讲究形合，句子结构要求比较严谨，但是汉语讲究的是只要把意思表达清楚就可以，重视的是意合。英汉两种语言在历史背景、文化习俗和思维模式等各个方面都存在巨大的差异，这就很容易导致中国学生在进行英语学习的时候产生一些负向迁移现象，从而使得英语学习难度变大。

（2）语序

英汉两种语言语序差异也非常大，比如在英语中作定语和状语的短语，通常是后置，然而在汉语中，就通常是前置。

例如：他喜欢看些有趣的东西。He likes reading interesting something.

纠正：He likes reading something interesting.

她一会儿就回来。She soon will come back.

纠正：She will come back soon.

这主要是由于母语认知系统干扰英语学习和学习者英语知识缺乏而导致的。

（二）针对汉语负向迁移现象提出英语学习策略

由于汉语的负向迁移，而对英语学习产生很多方面的阻碍，所以应该采取各种策略来尽量减少汉语负向迁移所带来的影响，减少母语的干扰。

1. 对比分析

英语和汉语在语言特征和文化传统上有很大的差异，所以在英语教学中可以通过比较两者之间的异同，来使学生有更强的跨文化意识。在授课的时候要从语音、语法和词汇等不同层面来总结规律，让学生了解更多的英美文化背景，通过经常巩固练习形成正确的英语学习体系，使得学生可以对英汉两种语言之间的差异进行主动思考，并且积极利用母语产生的正向迁移现象，同时尽量避免负向迁移产生的问题，从而使英语学习效率得到提高。

2. 文化导入

在进行英语学习的过程中，中国学生出现负向迁移的问题，主要是因为中英两国文化差异很大，不同的历史背景、思维模式和文化习俗使得中国学生对于英语国家的文化知识理解起来有一些难度。在语言系统中，文化是核心，所以教师要引导学习者了解英语国家的文化知识，使学习者对英语的文化背景有更深的了解，加深对英语的理解和使用。让学习者了解英语国家的文化背景，可以通过观看电影或电视剧等方式，这样学生在娱乐中就能了解英语国家的文化。

3. 实践训练

在进行英语学习的过程中，负向迁移的原因除了有对英美文化的了解不足以外，还有就是学生的语感不够强。造成语感不够强的主要原因是练习不足，所以只有通过大量的语言实践训练，才能使学生掌握足够强的语感。每种语言都具有自身的独特性，只有经过反复的练习，才能形成新的语言习惯，并且逐渐内化成为语言系统的长期记忆。在教学中，教师可以采取的措施包括：组织学生表演英文话剧，使学生能够了解英语国家的历史和文化，同时还能够锻炼学生的发音，使他们掌握更准确的英语语调；创设特定的情境，使学生用英美人的思维习惯来进行角色扮演；鼓励学生用现代的多媒体手段，如电脑、电视等对英语国家的文化进行了解。

（三）语言迁移在教学中的应用

从 20 世纪 50 年代开始，语言教学研究者就开始研究语言迁移的现象。外语教学工作者最关心的问题就是母语和第二语言之间的关系，以及怎样让母语来影响第二语言。通过心理学的一系列研究，我们可以发现，学习外语也就是在母语的基础上建立新的第二信号系统，此时，原有的第二信号系统已经稳固，这个稳固的第二信号系统会对新的第二信号系统产生正反两方面的影响。母语习得的情况对第二语言的学习迁移有着很重要的影响。在学习英语的过程中，如果母语产生的正向迁移的作用大，那么学生就更容易学习英语，更容易熟练地掌握英语，但是如果母语产生了很大的负向迁移作用，那么学生在英语学习过程中就会产生很大的困难。从 1995 年开始，我国进行英语语言迁移的研究，研究的主要内容包括怎样使正向迁移的作用得到最大限度的发挥和怎样使负向迁移的作用被弱化到最低。

1. 英语教学应用

在进行英语教学的过程中，汉语迁移带来的影响涉及听、说、读、写、译各个方面。哪怕是采用"浸入式英语"（Immersion English）教学，汉语母语的影响仍然存在。我们可以以大学英语四级来举例，在考试过程中，无论是写作还是听力，无论是阅读还是翻译，都会出现汉语思维负向迁移的现象。这种母语的影响深入到了各个方面，其实这种影响是对学生知识层面和认知结构的反映。在学习英语的过程中，学习者会不自觉地将脑海中汉语知识库的一些词汇、语音和语法应用到英语学习的过程中，所以在教学中应该引导学生对汉语正向迁移的作用进行利用，同时放大这种正向迁移的作用，消除负向迁移，从而使得英语教学的效果不断提高，学生英语学习的效率也可以不断提高。

2. 为迁移而教

我国著名语文教育家叶圣陶曾说："教是为了达到不需要教。"语言迁移研究使心理学和教育心理学得以发展，同时使语言学习和教学有了更多的心理学依据。近几年来，我国教师不断摸索和实践新的教材，体会新教材所倡导的交际教学思想，尽管面临着很大的困难，但是因为母语的影响，学生的困难更多，所以只有不断摸索语言迁移的规律，才能够将这种理论应用到实际的英语教学中，使学生的英语学习效果得到提高。

（四）语言迁移对英语教学的作用

语言迁移很大程度上影响了语言学习的效果，所以在英语教学过程中要注意正向迁移和负向迁移的现象，尽量使正向迁移的作用得到最大程度的发挥，使负向迁移能够尽可能地减弱直至消除，避免负向迁移对学习效率和效果产生影响。在英语教学中，教师应当让学生了解英语国家的文化背景，同时为学生创设语言学习的情境，使学生能够在沉浸式教学中实现思维的转换，将汉语思维的习惯尽量降到最低，也就是降低负向迁移的作用，提高正向迁移的作用。

1. 以文化背景知识为载体

在语言教学中，教师应当以文化背景知识作为语言学习的载体，只有当学生掌握了足够的文化背景知识之后，才能够在语言学习的过程中得心应手。不同的文化造就不同的语言，教师自己要有足够的知识储备，才能够将语言传输给学生。同时，还要积极引导学生、为学生创设英语学习的情境，使学生在模拟环境下对语言进行运用，同时要让学生多阅读一些书籍和书刊，扩展英语知识，组织学生观看英语电影，使学生能够在娱乐的过程中学到英文知识，对英语文化国家进行一些了解，还可以让学生多听英语电台，了解英语文化最新的动向，提高学生对文化的敏感度。

英、汉两种语言有着不同的思维模式和语言习惯，在中国文化中，通常会用"您吃了吗？""您去哪儿啊？"等来表示问候，但是在英语国家中则不会这样表示问候。两种语言的文化背景是不同的，文化传统和风俗习惯也是不同的，这就会使词汇和语法等各个方面都会不同。比如，中国的古诗就会运用很多精炼的修辞，并且其表达的方式非常含蓄，但是英语国家的诗歌却非常直白、直接。一般情况下，正在学习英语的学生对中英文化之间的差别了解并不多，所以就很容易用汉语文化习惯来套入英语语言学习，但这就非常容易产生误会和错误。比如在英语文化中，通常不会去询问别人的婚姻、收入和年龄等，这会被视为侵犯别人的隐私，是没有礼貌的行为，但是母语文化会对学习者产生有意识或无意识的影响，就会导致交流时产生一些误会。所以教师应当在课堂中对英语国家的文化习俗也进行讲解，从而使学生能够对英语产生兴趣，主动参与教学，充分发挥语言正向迁移的作用。

2. 提高教师自身素质

教师应当注意提高素质，不仅要对自己的母语语法结构有着非常透彻的了解，还应当深入掌握英语的知识结构特点。教师自身发音要标准，同时还应当对英语国家的历史文化、社会文化有所了解，并牢固掌握各种英语知识。与此同时，还要经常进行交流学习，通过进修和出国来使自身的英语水平得到提高。在课堂教学中，教师应当尽量多地使用英语，减少母语的使用，还要注意分析母语和英语的异同点，研究语言迁移的作用。在教学中应当注意词汇和语法的教学，但是也不要忽略文化交际的培养，注意教学方法的采用，提高英语教学艺术。

3. 创设语言学习情境

在进行语言教学的过程中，教师还要积极创设语言学习的情境，通过情境教学法，使学生能够在富有感情色彩的活动和生动形象的情境中，产生学习的情绪和特有的心理氛围。情境教学法要根据学生的心理、年龄特点以及对英语掌握的情况来设置恰当的情境，使学生能够积极参与进来，提高学习兴趣，自主探究学习，在情境中获得情感的共鸣，达到教与学的和谐统一，使教学产生最佳效果。

在课堂教学中，情境教学法可以让学生复习旧知识、巩固新知识，但是前提是要符合学生的特点，符合学习的内容，并且是有意义的情境。学习者学习英语就是为了交流，英语只是作为一种语言工具，所以教师在教学的过程中要善于联系实际，使得学生在课堂上就能够进行英语交际，这样也能够使得学生积极参与教学，激发其兴趣和主动性。同时，还能使学生保持很强的注意力，促进学生语言交际能力的提高。情境教学法的形式还包括各种竞赛，比如朗读竞赛、演讲竞赛和词汇竞赛等，这样可以锻炼学生的基本功，使学生的发音水平、朗读水平和词汇记忆水平等都得到提高。学习英语也可以通过学唱英语歌的方式，或者通过角色扮演，让学生进行自创剧的表演，对一些典型的英语词汇和语法进行掌握，用英语把自己对各种剧情角色和话题的理解表达出来，提高英语表达能力。在课堂上也要经常进行互动，无论是师生之间的互动，还是同学之间的互动，都会激发学生用英语交流的兴趣。还可以在课外举办一些活动，创设英语学习的氛围和环境，比如可以举办英语文化节、英语歌唱比赛、英语讲座等活动，使学生能够得到锻炼，同时，对于英语的运用会更加熟练。还可以让学生通过现代媒体，如影视、杂志等搜集英语文化知识。如果有条件，还可以让学生参加国外的夏令营活动，让学生在真实的情境中得到英语交际的锻炼。总而言之，就是要创设各种情境，使之与英语学习相匹配，从而促进语言正向迁移作用的发挥，尽量消除语言负向迁移的影响。

第四节 语言迁移理论在大学英语写作教学中的应用

一、我国学生英语学习中的语言迁移现象

（一）语音迁移

在英语学习过程中，我们经常会发现一些语言迁移留下的印记，其中语音迁移是最容易被发现的。从整体上看，英语和汉语语言体系的本质区别一共有三个方面，分别是：

第一，汉语以辅音结尾的情况是几乎没有的，但是英语则可以出现这种情况。

第二，汉语和英语的很多音素没有办法完全对应起来，有一些音素在英语中很常见，但是在汉语中并没有相对应的。

第三，英语是语调语言（Tongue language），因为其整个句子的意思是通过语调来辨别的；汉语是声调语言（Intonation language），因为汉字的意义是通过拼音的四个声调来区分的。

除了上述三个区别之外，英语句子的节奏是非常明快的，其音的轻重快慢和长短是相互配合和协调的，而汉语中则是每个字都是一个音节。所以，很多中国学生很容易把汉语的语调和声调运用到英语中，那么这样产生的结果就是说出来的英语不那么流畅，而是让人感觉到一字一音、一板一眼的。

（二）词汇迁移

在最开始进行英语学习的时候，可能有人会认为，在英语中都能找到汉字的对应词汇，但是随着学习的不断深入，会发现一个汉字在英语中对应的词汇可能会有很多种意义。例如，汉字"重量"的"重"对应的英语单词是 heavy。但是，heavy 的意义还有很多，比如浓雾——heavy fog，还有 heavy economy 和 heavy sound 表示经济市场的缓滞和声音洪亮。正是因为这种差异，所以才不能将汉语的词语搭配生搬硬套迁移到英语中。

（三）句法迁移

汉语属于孤立语，或者说是分析语，汉语中没有各种语态，名词也没有格和数的变化，而作为有形态标志的英语，其句法结构有一些规则与汉语是不同的，比如英语中的动词会有时态、语态的变化，而正是因为汉语中没有这样的变化，所以就容易产生负向迁移。因为英语和汉语在句法上存在很大的差异，所以，把汉语结构用在英语中的做法并不是万能的。例如：I went to the park yesterday. 在这个句子中动词 go 要变为过去式 went，动词的时态发生了变化，但是汉语中没有这样时态变化的情况，所以学生往往就容易忘记动词要进行时态变化的规则。汉语是一种意合的语言，汉语母语者的思维方式更偏整体，所以对于语法概念的分类就比较缺乏，比如在汉语中允许动词和动词连接使用，但是在英语中，动词后面要想加动词的话，就需要变成非谓语的形式，如 like + to do/doing。

（四）语篇迁移

在语篇组织上，先天和后天环境的差异使得英汉两种语言产生差异，具体表现在组织方式和衔接手段上。例如：一个英国人在中国朋友的婚礼上说："How beautiful your bride is!" 其中国朋友回答："Where？ Where？"英国朋友回答："Her nose，her face." 从这个例子中，我们就可以看到由于文化不同而产生了偏移的现象，这主要是由于中国朋友对西方文化的不了解，实际上，中国朋友只需要回答谢谢即可，对方的意思是夸赞，那么中国朋友回答 "Thanks" 才是符合语境的。

二、语言迁移在我国大学生英语写作中的体现

（一）忽略动词的时态变化

上文提到，英语和汉语有一个非常大的区别，就是汉语中动词没有时态变化，而英语动词则需要经常进行时态变化。在英语中动词时态变化分为规则变化和不规则变化，而这种区别需要学习者进行记忆，在应用的过程中也是一个很大的挑战，所以就算从小学阶段就开始学习英语，到了大学阶段，在进行英语写作时仍然会出现这样的错误。

例如：At that time，the original reason for the highest setting is（was）to protect children./On the one hand，in old days children seldom use（used）online services./In brief，we tend（tended）to prohibit children from hurting themselves on social platforms.

（二）形容词与副词使用混淆

汉语没有形态的变化，属于典型的孤立语，而英语则富有形态的变化，是一门曲折语言。在英语中，会出现"happy"变成"happily"这种通过曲折变化将一种词类转化成另一种词类的现象。在实际进行写作的过程中，很多学生会将应该转换成副词形式的形容词保持原形，这种错误也是非常常见的。

例如：Besides，it will also damage the rights of others unconscious（unconsciously）./And the social networks had continual（continually）failed to prioritize children's safety.

（三）冠词的缺失

汉语没有冠词的概念，所以受到母语的影响，在学习英语的过程中也容易忽略冠词，虽然随着学习的不断深入这种状况出现得会越来越少，但是正确使用冠词仍旧是一个非常顽固的点。

例如：I completely agree with（the）opinion of them./Children was using a fake app designed to steal（the）code the users type.

（四）介词使用不当

在进行英语写作的时候，学生往往都是先在脑中想出相关的汉语内容，之后再对这些内容逐字逐句地进行翻译，变成一个完整的英语句子。在这个过程中，学生会将英语和母语中的某些词主观地完全对应起来，这就容易导致很多词的用法根本就不符合英语的语法规律，出现词不达意的情况，最终呈现出来的句子可能不通顺或者显生硬，甚至是不合规的。尽管有的时候读者能理解其中的含义，但是这个句子本身是不符合英语表达习惯的，甚至是完全不正确的。我们可以举个例子，比如英语中的介词，介词是多变的，在使用介词的时候，不仅要对其本身的含义进行考虑，同时还要联系上下语境。

例如：These measures are useful to（for）personal computer./All these fake apps invented by those hackers will do harm for（to）the young people.

三、语言迁移对二语写作的影响

（一）相关研究

国内外许多学者针对母语对目标语写作的影响做了大量的研究。研究结果发现，中国和日本的学生使用英语关系从句的频率远远少于伊朗和阿拉伯国家的学生，原因是波斯语和阿拉伯语中也有关系从句，而汉语和日语中则没有，因而中国和日本学生英语关系从句的使用频率偏低。自 20 世纪 80 年代以来，很多学者更加注重于这个领域的实证研究。有学者通过有声思维研究方式对四个以汉语为母语的英语学习者进行研究，通过分析学习者的背景和面试时的态度发现运用母语策略的学生在写作的内容、结构和细节上都比没有运用的学生具有优势。国外学者研究了部分法国学生的英语写作过程，发现英语写作水平高的学生更多地依赖母语的思维。在中国，语言迁移，特别是负向迁移越来越引起学者的关注。但国内学者在研究汉语对英语写作的影响时，发现英语写作水平高的学生比水平低的学生更少地依赖母语思维，这与前述外国学者的研究正好相反。从认知角度上，该研究探讨了造成语言迁移的一些基本问题。还有学者讨论了影响负向迁移的非机构因素，他们认为母语和目标语在话语标记上的差异会导致负向迁移的出现。在词汇层面上，部分观点认为汉语词汇对目标语词汇会造成理解错误，中国学生在写作中往往会使用不正确的词语；在句法层面上，负向迁移更多地出现在时态、语态上；在篇章层面上，母语负向迁移会导致结构的错误，例如，中国学生在英语写作中往往会出现缺少连词的错误。

从上述研究中我们可以看到，母语思维、翻译等部分母语策略是如何影响外语写作的，这是从写作过程的角度来探讨，下面将从写作结果的角度来探讨母语策略是如何影响外语写作的，也可以说是从母语迁移的角度来进行考虑。

（二）研究结果

如表 2-4-1 所示，为母语负向迁移在英语写作中引发的常见错误及出现频率。

错误种类	百分比（%）
冠词错误	12.3
派生错误	6.2
搭配错误	4.1
单复数错误	6.5
被动时态错误	3.7
时态错误	7.8
格错误	10.1
重复错误	2.6
词序错误	9.8
汉—英翻译错误	12.4
遗漏"be"动词	2.9
主题突出句	6.6
流水句	1.2
主谓一致错误	4.8
比较级错误	2.7
关系代词缺失错误	3.4
遗漏"to"	2.9
总计	100

表 2-4-1　母语负向迁移造成的写作错误

搜集的数据显示，母语负向迁移所导致的错误涵盖了词汇、句法和语篇三个层面。

1. 词汇层面

英语词汇在词义、词性、单复数等方面和汉语有着较大的不同，学生在写作中，由于受到母语的影响，在上述方面会出现用错词或用错词性的情况，形成中式英语。比如：This mistake shows his careless. 这里的 shows 是谓语动词，其后应该加上名词词性的单词做宾语。而原句的 careless 是形容词词性，无法做宾语，显然词性误用了，应该将 careless 改成名词词性，即改为：This mistake shows his carelessness. 另外，学生在写作过程中，还会犯一些最低级的错误，如冠词（不定冠词 a，an 及定冠词 the）的使用、名词单复数（哪些时候加 s，哪些时候加 es）及动词的规则与不规则变化（过去式和过去分词）。

2. 句法层面

属于两种语系的英语和汉语，在句子结构上有很大的差别。很多学生没有规范英语句子结构的概念，而是将汉语直接逐字翻译，结果形成很多"中式英语"的表达。写作中的错误主要体现在多个谓语，主动和被动、关系从句、时态和语态、格有误，主谓一致等方面。

汉语可以采用"动词连用"，也就是多个动词连用，而英语除了并列结构是不会像汉语一样采取多个动词连用的方式，在英语句子中只有一个谓语动词。例如 Take part-time jobs can provide students with experience as well as money. 我们可以看到这个句子中有两个动词，take 和 can provide，这两个单词就是谓语动词，但是英语中这种用法是错误的，很明显是受到了汉语的影响，"做兼职工作能够提供……"，在汉语中是没有问题的，但是英语一个句子只能有一个谓语动词，所以这个句子应该改为 By taking part-time jobs, students can gain experience as well as money. 在改正的句子中，我们可以将其看成"通过做兼职工作，学生可以……"，所以整个句子我们可以这样翻译："通过做兼职工作，学生可以获得经验和钱。"通过这种汉语结构，我们更容易将英语句子翻译出来。

学生在写作过程中，常常忽视某些句子应该使用被动语态，将被动写成了主动，或者被动语态忘记写成"be ＋过去分词"的形式，比如原句：Students ask to submit their reports on time.（学生……按时交纳报告）该句要表达的意思肯定是学生"被要求、被告知"按时交纳。原句的 ask to 并没有体现出被动语态，应该改为：Students were asked to submit their reports on time. 再比如下面的例子：

原句：College students can divide into three types.

改为：College students can be divided into three types.

由于汉语没有从句，所以受其影响，学生会采取回避策略，在写作中少用或不用从句，而大量使用简单句和并列句，按照动作发生的先后顺序和因果逻辑将句子一个一个地展开，不用连词、副词表达句子内部的逻辑关系。中文的这种思维和结构导致学生在书写英语的时候，无法关注句子之间的逻辑关系和层次感，造成句子叠置。

原句：Our cities have been severely polluted. There is no clean water. There is no fresh air.

改为：Our cities have been severely polluted that neither clean water nor fresh air can be found.

3. 语篇层面

思维方式的不同会造成中国学生在英语写作中出现语篇层面的错误。由于英语是一种形合的语言，语篇主要是通过并列、连词、关系代词和关系副词等语法手段来保持衔接和连贯，所以英语句子通常是比较长的，也是比较复杂的。而汉语作为一种意合的语言，追求的是将意思表达清楚即可，所以尽管汉语中有一些连接词，但是却很少使用，语篇的衔接和连贯主要是通过语义的手段来进行。所以，中国学生往往容易受到汉语逻辑思维的影响，在英语写作时对于一些过渡词往往会忽略，从而使得整个语句看上去非常简单，但是却不连贯。

在非正式的英语写作中，第二人称 you 通常指的是说话人的对象，但是，如果这个对象不是特指的哪个人，而是泛指的许多人，那么就应该使用 one，anyone，a person 等不定代词。由于受汉语思维模式的影响，中国学生在写作中泛指某人也会使用 you。

原句：You shouldn't waste your money in this way.

改为：One shouldn't waste his/her money in this way.

四、对大学英语写作教学的启示

在进行英语学习的过程中，学生要提高英语交际能力，其中，写作能力是非常重要的一个部分，但是我国学生的英语写作能力长期以来并没有得到显著提高。我们可以从近几年全国大学四六级考试中的成绩来看，虽然听和读的成绩已经取得了明显的进步，但是写作的成绩则并没有明显改善。

学生到了大学阶段，已经有了很多的英语写作经验，通常发生错误是由于学生在英语写作中不熟悉英语的一些规则，由于对目标语相关规则的不了解，所以要想让这个句子完整地进行下去，他们就不得不寻求母语的帮助，也就是将汉语的一些规则套用到英语身上，这就使得语言迁移发生了。正是因为汉语和英语是两个不同的语系，所以语言迁移作用通常是负向迁移更多一些，发生错误也是在所难免，所以只有从根本上提高学生的英语语言水平，才能使得负向迁移尽量减少。

首先，在英语课堂学习中，教师要引导学生，并且对学生进行适时的预警。很多学生并没有清晰地认识到母语对英语学习的影响，因为在初学阶段，很少有老师会对学生讲汉语和英语两种语言之间的差异，所以到了大学阶段就必须从更宏观的角度来掌握这门语言。只有对英、汉两种语言之间的差异充分了解，才能处理好它们之间的关系和规则，而这一切需要教师来对学生进行引导。为了掌握这两种语言之间的差异，教师可以采用对比分析的教学法。这种教学法可以有针对性地对英语和汉语进行分析和比较，同时也可以对一些容易产生迁移的知识点进行强调，这样学生会对两种语言之间的差异更加敏感，从而提高英语语言运用能力。

其次，要保证基础语言材料的量。经过很长时间英语学习的大学生，其词汇量已经相当丰富，但是英语和汉语不可能每一个单词都一一对应，所以在写作过程中，要想找到母语的对应词是非常困难的，而且这也容易导致语句生硬或语篇的不通顺和不规范，这就要求教师经常补充近义词和同义词，使学生对新单词的掌握更加牢固，还要注意强调单词的特殊用法和一些常用搭配，比如动词词组的搭配和介词搭配等，这样学生在运用新单词的时候就会尽量避免直接用汉语来对应。一些学生语感较强，他们就会对一些单词举一反三，还有一些学生语感较弱，教师要注意在课堂上对一些单词进行特殊的强调，加深他们的印象，让他们在课后积极进行自我巩固。

再次，语言环境的训练要增加。对于一些学生来说，他们的语感较强，对于英语的掌握熟练度要高一些，这些学生通常不会犯语法规则或表达习惯上的错误，只是在一些社交场合下容易产生一些问题。这一类学生对教材知识点的掌握已经足够了，只是需要更多的语言环境来训练，所以教师可以创设一些仿真的语言环境，无论是课内还是课外，都可以让学生有条件进行练习，还可以为他们提供一些英美剧的音频或报刊的英语素材等。这些材料不像教材知识那么有目的性和明确性，但是却可以让学生在了解英语国家文化背景的同时，沉浸到英语交流环境中。经常反复的英语环境练习，对于学生学习英语的帮助是非常大的。

最后，在信息时代，要充分利用新媒体，发挥其便利性。现在是一个互联网的时代，海量的学习资源都可以从互联网中直接找到，所以在教学中，不仅可以使用教材和教辅资料，还可以利用新媒体来进行，这不仅使教学手段更加丰富，还让学生拥有了丰富的学习资源。教师还可以组织学生对某一话题进行讨论，或者进行过程性写作教学，让学生在讨论中思考，并且积累更多的素材，这也有利于学生逻辑思维能力的提高，从而使文章写作的整体布局和结构更加完善。

第三章 语言教学研究与交际能力理论

交际能力理论的出现为我国语言教学的研究与发展提供了又一重要的理论支撑。在该理论基础上诞生的交际法，反映了当今时代对外语教学提出的新要求。我国教育教学工作者、研究者正在共同努力，促进交际法在我国语言教学实践中实现本土化，更好地适应我国国情，促进我国语言教学研究的发展。本章将阐释交际的基础知识，简述交际能力理论的主要内容，介绍基于交际能力理论的交际法，分析交际法在大学英语教学中实施的必要性，研究交际法在大学英语听力教学中的具体应用。

第一节 交际基础知识

一、交际的概念解读

通俗来讲，人和人之间一切的交往、接触，统称为"交际"。汉语词典中，"交"含有通气、交接、赋予的意思；"际"有接纳他人、彼此会合的含义。《孟子》一书中，对交际有过明确的定义："际，接也。交际谓人以礼仪币帛相交接也。""礼仪"代表精神，"币帛"代表物质，交际就是人与人之间精神和物质的交换。《孟子》不仅明确了交际的含义，而且告诉了我们人类交际的方式方法，以及交际和礼仪之间的关系。

国外也有关于"交际"的明确解释。英语中交际用"communication"一词来表达，中文释义为"通信、交流、传达、交换意见"。可以明显地看出，和汉语相比，英语中的交际强调的是实质性的内容。比如，人与人之间信息的传递、交换、共享，人和人之间感情的平等交流等。结合中西方文化，交际实际上泛指人与人之间的往来应酬，其内涵与"社交""人际交往"基本上是相通的。

由此，可以给交际下这样的定义：交际是人与人之间互通信息的过程。这个过程中，个体之间为达到某种目的，用共同使用的语言，配合肢体动作、表情等，来表达自己的想法，提出自己的需求，最终得到别人的理解和回应。

在准确理解交际的含义时，要注意它与其他相近概念的区别。

（1）交际与交往

交际和交往都是指人与人之间的交流沟通。日常生活中，交际和交往的概念是相似的，可以等同使用。严格说来，两者是有区别的。交际一般用于比较正式的场合，是指个体或者机构互相洽谈，更像是一种合作关系；交往的概念要比交际宽泛，凡是发生在人与其有关的一切对象（可以是人，也可以是物）之间的活动，都属于交往。

交往的手段也是多种多样的，可以是信息，也可以是其他有价值的客体。例如，人与人之间的交流沟通，可以称为交往；社会群体之间物与物的交换、物与货币的交换，也可以称为交往；人类征服大自然的活动，是人类与大自然的交往。与交往相比，交际的概念要小很多，只代表人与人之间的交往。我们同时还会发现，交际和交往之间是有联系的，发生在人与人之间的交往实际上就是交际，或者说，人际交往即交际。

（2）交际与人际关系

交际和人际关系的概念十分相似，实际上是同一事物不同的方面。人际关系是静态的，交际是人际关系的动态表现。所谓人际关系，就是人们通过动态的交际，形成的一种人与人之间稳定的、固定的关系。人际关系的形成，是通过交际主体间不同的交际方式表现出来的。

二、交际的构成要素

人们在社会生活中不可避免地要产生和他人之间的交际。交际活动的形成有几个不可或缺的因素，即交际主体、交际动机、交际环境和交际手段。交际主体运用一定的方法和技巧，实现人际交往。

（一）交际主体

交际是在人与人之间进行的，因此交际的主体实际上就是参与交际的人。在实际生活中，个体之间进行交往，是一个你来我往的互动过程，因此很难区分谁是主体、谁是客体。在这种情况下，交际活动没有主客体之分，参与交际的人都可以称为主体。

交际活动至少有两个交际主体，单个主体进行活动，并没有另外的主体互动，构不成交际活动。

交际主体之间的交际活动包含三种：个体之间的交际、个体与群体之间的交际、两个或多个群体之间的交际。其中个体与个体之间的交际占主要地位，数量上也占大多数。群体之间的交际，主要是国家与国家、社会组织之间、民族之间等的交际，这样的交际也常常是通过派遣个体进行。所以，一般来说，交际指的就是个体与个体间的交流沟通。

（二）交际动机

交际动机也叫交际目的。交际本身是一个过程，交际都是有动机的，人与人之间交往，往往是为了满足某种需要，即便是在旅途中闲聊时的东拉西扯，也有解闷、打发时间的目的。单纯为了交际而交际是不存在的。

交际动机是指人的心理预期，通过交际达到什么样的目的、实现什么愿望等。交际动机所想实现的目标，可以是物质目标，也可以是精神目标。每个人的交际动机是不同的，甚至一个人不同心理阶段交际动机也是不同的。在实际交往过程中，个体的交际动机大部分是非常明确，易于被他人察觉到的，也有一小部分主体，出于某种原因，往往将交际动机藏匿起来，掩饰自己真实的交往动机。

（三）交际环境

实际生活中发生的任何一种人与人之间具体的交际，都是在一定的空间场合、特定时间、特定的社会环境中进行的。这就是我们所说的交际环境，它包括空间要素、环境要素和时间要素。其中，特定的环境要素指的是交际发生在一定的文化背景和社会环境下，环境包括宏观环境和微观环境。两个或多个交际主体所处的微观环境，会给交际带来直接影响。

（四）交际手段

交际是人与人之间的交流沟通。在交际过程中需要用一定的方式或手段进行，才能达到预期的交际目的，这就是交际手段。交际手段可以说是交际过程中重要的一部分。从某种角度来说，交际手段可以看成交际过程中帮助交际主体传播信息的载体，所以也可以叫作交际媒体。

人类的交际之所以不同于动物间简单的信号传递，是因为所使用的交际手段不一样。人类通过符号进行交际，这种符号包括语言符号和非语言符号。非语言符号不是指物质，而是指肢体动作、表情等无声语言。

三、交际的主要特点

（一）交际的社会性

交际的主体是人，交际是人与人之间进行的一种社会活动。而人是具有社会性的，所以交际本质上也具有社会性。

首先，交际的主体，也就是参与者，是作为社会成员的人。人作为社会性成员，在社会交往中会辨认、使用特定的交际符号，比如握手、拥抱等。他们生活在一定的文化环境中，但生活习惯、思维方式、言谈举止都有所不同。所以，交际中，人和人的交往有各种各样的方式。即便是相同的社会文化环境，也会有不同的交际文化。交际文化是交际社会性的具体体现。

其次，从个体和社会的关系来看，个体间的交际活动促使社会的形成和发展。个体无法组成社会，社会是因为人与人的交际形成的一定的群体、组织等。社会是不断发展壮大的，最初的社会是低级的初民社会，到如今已经发展成为复杂的信息社会。随着社会的发展，人们之间的交际也打破了封闭单一的模式，而变得立体多元化。可见，社会的发展和交际模式的变化，是可以互相影响、互相促进的。

（二）交际的符号性

交际需要借助一定的形式，而这个形式就是符号。交际和符号紧密相连。人类之间的交际离不开符号，离开了符号也就谈不上交际，这就是交际的符号性。符号的定义有很多种，一般我们所说的符号，是指用来标记某一对象物的记号或标志。其中，交际符号是指人们进行思维和交际的工具。语言是人类最重要的交际符号，人们用语言这种符号来表达自己的想法，进行信息交换。交际的符号性使人类交际与动物之间的信号交流有了本质的区别，同时它也表现了人类交际的本质。蚂蚁通过触角传递信息，它们之间发出信号是一种动物本能，只有人类才具有使用符号的高级交际形式。

（三）交际的目的性

交际的目的性是指人类为了满足某种需求、为了达到某种目的而进行交际。交际的目的性反映了人类交际的本质。比如，人们为了获得友情，和志同道合的人交朋友；为了生存和生活需要，加入或者建立起一定的组织群体。交际的目的性使人类区别于动物。交际目的属于精神范畴，目的并不是真实存在的，它存在于人们的想象中，但它可以引导人们用行动为之奋斗。

人类是世界上唯一能按照自己的主观意识去追求目的的高等动物。

（四）交际的双向性

所谓交际，不是单一一方的活动，而是交际主体之间互动的过程，这就是交际的双向性。交际的双向性使交际主体之间的活动明显区别于其他信息传播类型。比如，看电视、听广播都是单向性的信息传播，它可以明显地划分出主体和客体、信息的发出者和接收者。而交际活动虽然也分为主动交际和被动交际两种形式，但是却分不出交际的主客体，交际双方都可以称为主体。这是因为双方既发出信息又接收信息，也就是说没有主客体之分，都处于主体地位。

交际的双向性使交际过程微妙而复杂。交际的过程不仅仅是交际双方的沟通过程，更是一个彼此影响的过程。这种影响有些是语言上的，有些是肢体或者其他符号；有些是无形中的影响，有些是有据可查的影响；有些是潜在的，也有些是显现的影响。例如，在课堂教学中，教师虽然是课堂的主体，学生受教师讲课方式的影响，但同时，学生的反馈也影响教师的讲课效果和方式。即便是教师不管学生听课的反馈，也会担心自己在学生心目中的形象，这些心理因素依然会影响教师的行为。

（五）交际的情境性

交际活动具有情境性。这是因为人类交际的本质是一种社会活动，它发生在一定的社会环境下。交际活动主体在不同的社会环境中，会被打上情境烙印从而有不一样的表现。例如，同一个体在家庭聚会和公共演讲场合中的表现，会有很大的差异，这就是交际的情境性。交际情境性受人的心理活动影响，人处在不同的社会环境中会有不同的心理状态，因而会有不同的行为表现。

（六）交际的不可逆转性

交际不同于自身传播，它具有互动性和实时性。自身传播具有可逆转的特点，如我们计划明天去商场购物，因为某些原因可以临时取消行程。因为自身传播不涉及他人，只以自己的意志为转移，所以只要对自己负责就能随意改变计划。但交际是两个或多个人之间的交流沟通，具有不可逆转的特性。例如，我们和朋友发生了争吵，气头上说了很多伤害别人的话，虽然过后交际双方可以互相谅解，但是交际中出现的错误是不可逆的，留下的痕迹也是不可清除的。这就是交际的不可逆转性。

（七）交际的不能重复性

交际作为一种信息传播活动，又区别于其他一些单向传播活动，它具有不可重复性。单向传播是可以反复复制的。比如，教师的讲课过程，同样的课文就算是这一次与前一次的讲授不可能完全一样，但是基于教学大纲的要求，两节课的讲授是非常相似的。

交际是不可重复的。这是因为交际是主体之间的互动，虽然交际发生之前也可以事先在头脑中准备想要传达的内容，但是交际一旦开始，可能对方给的回应信息跟原来自己所想的不一样，这就需要调整事先准备好的信息。因为交际的互动性强，来自对方的反应并不是你事先可以预见的，他可能会改变话题或者改变谈话的目的，所以我们也要根据对方的反应做出相应改变。没有任何变化地重复一次谈话是不可能的，因为有许多我们无法控制的因素会干扰和改变整个情境。这就是交际的不能重复性。

四、交际的作用功能

所谓功能，是指人或事物在运动中所显示出来的实际作用和效果。交际的功能主要体现在以下几个方面：

（一）整合功能

人原本是以个体的形式存在的，所谓交际的整合功能，是指通过交际将个体存在的人连接成一个群体，比如某组织、某社团等为共同目的聚合在一起的人群。群体成员之间的互相交往，使群体内部有分工、有协作，从而协调一致、共同发展。《荀子·王制》说道："人，力不若牛，走不若马，而牛马为用何也？曰：人能群，彼不能群也。"人不如牛有力气，不如马跑得快，但是却能驾驭两者，为什么呢？因为人可以组成群体，而动物不能。可见，人类征服自然，主要是因为人和人之间可以为了共同的目的而组成一个井然有序、分工合作的群体，这个群体的建立使人类变得强大。这是其他动物没有的能力。可见，人的社会性是决定交际的整合功能的重要条件。

人类生存下去的基础，是要进行满足人类自身需求的物质资料的生产。社会的发展需要人类协同合作。马克思认为，"人们在生产中不仅仅同自然界发生关系，他们如果不以一定方式结合起来共同活动和相互交换其活动，便不能进行生产。为了进行生产，人们便发生一定的联系。只有在这些社会联系的范围内，才会有他们对自然界的关系，才会有生产"。在整个人类社会中，虽然人们分工有序，"农分田而耕，贾分货而贩，百工分事而劝，士大夫分职而听"（《荀子·王霸》），但通过相互间的交往、联系，整个社会形成了协调发展的有机整体。如果人与人之间不发生任何关系，人类就不可能整合成坚强的群体去征服自然、改造社会，实现人类的崇高目的。

（二）调节功能

调节功能是交际的作用之一。人类在群体活动过程中，因为思想、情感、行为、目的的不同，不可避免地会产生矛盾冲突，为了使社会生活保持平衡和谐，需要交际的调节功能。人际交往中的调节功能，是人类群体为了实现个体之间感情上的认同、行为上的默契、步伐节奏上的一致，而做出的一种个体对他人或者群体的妥协。只有这样，才能使个体和他人、个体和群体之间关系和谐，进而把各方面力量汇集在一起，实现行为活动的整体效应。在群体中，成员之间不可避免会产生误会、产生矛盾和隔阂，个体成员之间通过密切交往，能增加感情，消除误会和矛盾，取得谅解和一致。人类群体如果缺少交往这种调节手段，就必然产生猜忌、冷漠、排斥、冲突，使人精神分散，造成毫无价值的心理消耗。

根据社会心理学的研究，人类大约有 15% 的时间会浪费在彼此冲突后的不良情绪中。也就是说，在生产劳动过程中，如果群体成员之间关系不和谐，成员就不得不把一部分精力转移到处理不和谐关系上，从而分散了对工作目标的注意力。同时，个体有苦闷、焦虑的情绪体验，也会影响劳动效率。因此，社会群体要维持良好的人际交往，调节功能显得尤为重要。

（三）信息沟通功能

交际过程实际上也是一种沟通和信息交换过程。人们在社会生活中，无时无刻不在传播信息、交流情感等。因此一种好的交际方式，可以使信息沟通更加流畅，使信息传递更加便捷。在此过程中，还要考虑将一些信息去伪存真，将信息沟通纳入正确轨道，大大发挥信息沟通的积极作用。据心理学研究统计，人类除睡觉以外，醒着的时间七成要花在和别人的沟通交往上。人们通过日常交际，获得信息、知识，以提高自己的认知。交往既是信息交流过程，也是思想交换过程。两种或多种思想，彼此交换，彼此启发，这样就使得人们自己的思想观念和境界有了进步和提升。比起从书本上获得信息，在人际交往中获得信息的方式有着内容更广泛、传播速度更快、渠道多样化的特点。特别是人际交往的范围往往很大，一个人可以和几十个人甚至成千上万人交流，这样就可以从他人那里获得更多的思想。

人们在交流沟通过程中，不仅仅是在彼此传递信息，在传递过程中信息也会得到补充和发展。也就是说，交际不仅具有信息传递功能，还会根据人与人之间的互动，使信息得到补充，甚至产生新的信息，使信息不断丰富和发展。在信息化的今天，每个人都生活在信息冲击之下，许多新思维、新创想层出不穷，这些信息也会在人们的交往中不断丰富、完善，甚至出现质的飞跃。

（四）心理保健功能

交际具有心理保健功能，是指良好的交际有利于人的心理健康发展。人具有群居和社会性的特点，与人交流是每个人与生俱来的需求。根据马斯洛需求层次理论，人除了生理需求，还有更高层次的安全需求、社交需求、尊重需求等。群体中的人彼此间可以互相诉说工作生活中的喜乐忧愁，交流对人生的态度和事物的认识等。群体成员间的情感交流会带给人们安全感、归属感等。个人可以从别人那里得到安慰和赞许，获得尊重，进而产生愉快、积极的情绪，有利于保持群体的稳定和秩序。

五、交际的基本原则

（一）平等交往

平等是人际交往的基本原则，也是个体间建立感情的基础。根据心理学研究，每个人都有被尊重、被接纳的需求。这些需求的实现要建立在平等交往的基础上。首先，人作为家庭中的一员，需要家庭成员之间平等地沟通；其次，作为社会成员，更是希望得到他人的尊重和平等对待。所以，我们在与人交往的过程中，思想上从内心尊重他人，平等对待他人，态度上不盛气凌人，不高人一等，才有可能在交往中形成人与人之间的和谐相处，产生愉悦、满足的心境。那么，如何做到平等交往呢？

第一，要了解平等的含义。平等是一个相对的概念，它受自然条件和社会条件的制约，因此没有绝对的平等。

第二，想要实现平等交往，尊重别人的人格是前提。人际交往中，首先要遵循人格平等的交往原则。只有在尊重别人的前提下，才能实现交往过程中态度平等、礼仪平等、交往地位平等。自尊心是人类独有的一种心理状态，没有人愿意接受别人的压迫和指使。在交际中，只有尊重别人的人格，才能得到别人的理解和尊重。那种以势压人、以老大自居、盛气凌人、"看人下菜碟"甚至侮辱人的做法都是与平等原则严重相悖的，因而也不可能形成正常的人际关系。

（二）求同存异

人际关系想要良好发展，首先要"求同"，就是指在某些方面大致求得一致，求同是人际交往的基础。所谓某些方面，指的是和他人目标一致，利益一致，可以朝着共同方面一起努力。如果最基本的方面没有办法达成一致，那么就失去了人际交往的意义和维持关系的决心。

所谓"存异"，是指在大方向一致的基础上，交往双方可以保持一些自己的观点，允许对方有不一样的地方存在，如方法上的差别，其实方法往往不具有唯一性，所以没必要因为方法分歧而水火不容。再如兴趣爱好、性格脾气等，人应当允许交际对方有自己的特点，不要对别人吹毛求疵。这就叫作"求大同存小异"，这是一条明智的古训。甚至在某些情况下，还可以"求大同存大异"，历史证明这也是完全可以的。

（三）互惠互利

互惠互利原则，是人际交往活动的基本动机之一。互惠互利，意思是互相满足、互相报偿。在交往中，要考虑双方的心理需求，满足双方的利益，使大家都能得到"看得见的好处"以及"看不到的好处"。成功的交际往往都是需求上的互相满足和互相给予。从社会学角度来说，互惠互利的原则是建立在双赢基础上的，是一种"非零和博弈"原则。它希望出现的结局是，双方都能够从交往中得到物质和心理上的满足。

人际交往中，互惠互利交往原则需要注意以下几点：

首先，要明白互惠互利的前提。这个前提就是不能损害任何第三方的利益。以损害第三方利益来达到互惠互利的目的，这样的行为是不道德的。

其次，要重视精神上的互惠互利。现代心理学认为，人们都有希望被关心、被注意的心理需要，所以，我们在和人交往的过程中，如果能够多从心理上、精神上关心别人、替别人考虑，就会使交往的双方都得到精神上的满足。这是人际交往不可缺少的一个方面。

最后，要重视经济上的互惠互利。人类要生存，促使"功利性"的产生。所以，人类的活动一般都包含某种利益的目的，驱使人们去交往的动力既有情感因素，也有明显的利益要求，单纯非功利的交往是不存在的。因此，在交往中，不能只考虑自己的需要和利益，还要重视对方的需要和利益，才有利于关系的良性发展。

（四）诚实守信

诚实守信是中华民族传统美德中一个重要的道德规范，是一个人的立身之本。"诚实"表现在人际交往中，是指要不说谎、不做假，做一个心地坦诚、心口如一的人，不能为了一己私利而欺瞒别人。如果带着某种目的去接近别人，言语中进行欺瞒，办事遮遮掩掩，一旦被识破，不但被看低人格，还会失去信誉。"守信"是指讲信誉，承诺的事要做到，同时承担起自己的责任。在我国古代，就把信用看得非常重要。孔子认为"民无信不立""与朋友交，言而有信"，强调与人交往时守信用的重要性。儒家也把信用作为重要美德（仁、义、礼、智、信）之一。到了现代社会，人与人的交往进一步加深，守信用更是最基本的人际交往法则。无论是公务交往、社会交往，还是礼节性的交往，都要对人讲信用。人们在交往中，由于种种原因，有时会产生一定误会，如果交往的双方都能以诚相待，相信再大的误会也会消除的。

第二节　关于交际能力的主要理论内容

一、海姆斯的交际能力理论

20 世纪 50 年代，乔姆斯基对行为主义语言学理论进行了系统批判。语言能力的概念就此出现，语言能力是一套语法规则系统，一种知识体系，是与运用知识的能力相对应的概念。

20 世纪 70 年代，美国社会语言学家海姆斯（D.H.Hymes）针对乔姆斯基语言能力概念的局限提出了交际能力的概念。语言是一种社会文化现象，交际能力可以理解为个体在一定的社会文化环境中对语言知识和语言能力的综合运用，运用语法知识只是交际能力的一部分。

交际能力包括语法形式的可能性、话语的可行性、话语的恰当性、实际操作性四个方面。其中语法形式的可能性与乔姆斯基语言能力的概念是相对应的，而话语的可行性和话语的恰当性，是指语言使用者在真实的社会文化环境中实际使用语言的能力，在乔姆斯基语言学理论中属于语言行为范畴的概念。根据海姆斯的交际能力理论，一个语言学习者不但要识别句子是否合乎语法规则，要能按照语法规则的要求生成新的句子，还要能够在恰当的场合、恰当的时间以恰当的方式使用语言。

海姆斯的交际能力理论在外语教学领域引起了极大的反响，主要有三个方面的启发：一是语言教学的目的不应该仅仅局限在传授语言知识和语法规则，还要重视学习者语言交际能力的培养；二是语言学习具有社会文化行为特征，外语教学过程中需要同目标语的社会文化情境相结合，需要同语言使用的具体环境相结合；三是外语教学内容的安排既要强调教学过程的交际性，又要重视教学内容的真实性。

二、卡内尔和斯韦恩的交际能力理论

在海姆斯交际能力理论的基础上，二语习得研究学者卡内尔（Canale）和斯韦恩（Swain）进一步指出，语法规则与语言运用规则是互为存在的条件和依据，是不可能脱离对方而独立发挥作用的，所以他们的交际能力理论重点描述了语法规则和语言运用规则之间的关系与相互作用。

卡内尔和斯韦恩交际能力理论认为，交际能力包含四个方面：第一是语法能力，是指学习者理解和运用语言规则知识的能力，语言规则知识包括基本词汇、语法结构、构词形式、句法结构、发音规则等方面的知识，语法能力是理解和表达语言基本含义必备的能力；第二是社会语言能力，是在特定的社会文化情境和语言应用环境中准确地理解语言输入材料、恰当地进行语言表达的能力；第三是语篇能力，是学习者根据写作的题材要求，按照一定的范式和体例，把语言素材和语言形式有机结合起来形成体裁篇章的能力；第四是策略能力，是学习者为了能够顺利完成交际任务或提高交际能力所使用的各种有效的技能和方法。

三、威尔金斯的意念大纲

20世纪70年代，语言学家威尔金斯提出了以培养交际能力为出发点的意念大纲，并提出两个概念，即功能和意念。功能可以理解为具体的语言行为，或者用来描述具体事件，如请求、询问、邀请；或者用来表达情绪状态，如赞扬、道歉、希望。而意念可以理解为在交际过程中根据交际的实际需要和目标设定所要表达和传递的思想内容。

功能和意念这两个概念在语言交际中是密不可分的。教学内容的基本要求是语言使用者首先关注的应当是表达什么具体内容和想要表达的真实意思，然后根据交际的具体需要，如在什么时间、什么地点、进行什么类型的交际，确定最适宜语言表达的方式方法。意念大纲从一开始就考虑到了语言交际的客观实际需要，同时也对语法运用和交际的情境因素给予了充分的重视，强调要学习真实交际中的语言。

英国语言学家曼比（J. Munby）在其《交际大纲设计》一书中扩展了威尔金斯的意念大纲观点，提出大纲设计应该以人为本，主张以学习者所要表达的意念内容，以学习者最经常使用、最需要掌握的功能项目为主线设计教学大纲，安排教学任务，组织教学内容，设定教学步骤，使教学目标更加明确具体和更具操作性。

语言交际是语言最基本、最核心的功能，学习者不仅要掌握一定程度的语法能力和基本的语言知识，尤其要重视语言的社会功能。教学任务的设计要能够满足学习者真实交际的需要，提高学习者在目标语的社会文化历史情境中恰当地使用语言的能力。教学方式应以篇章为基本单位。这些观点构成了交际语言教学思想的核心。

第三节 交 际 法

一、交际法的特点

20 世纪 60 年代以来，随着欧洲政治经济、文化事业的快速发展，欧共体各成员之间的联系日益频繁，为加快培养具有交际能力的外交人员，欧共体文化合作委员会于 1971 年在瑞士召开专门会议，讨论制定欧洲现代语言教学大纲。之后，一批关于交际教学法的代表著作相继问世，交际教学思想在理论上逐渐成熟，在教学实践中得到广泛应用，培养学习者综合运用语言知识和技能进行真实交际的能力已经成为语言教学的普遍共识和基本原则。

（一）以学习者为中心开展教学活动

课堂活动是以教师为主导进行设计和组织的，但是并不意味着教师就可以在课堂交际活动中支配一切，教师起到的只是一个指导者的作用。课堂活动的中心始终是学习者，教师不需要对教学活动进行完全控制和直接管理，也无法做到对学习者的活动进行完全的支配，而应在学习者需要的时候给予及时的指导、建议和帮助，保证课堂活动顺利进行并最终达到预期效果。

（二）交际功能是语言的重要属性

有效的交际不仅需要得体的语言表现形式，更重要的是语言表达的内容是否有意义、语言运用的方式是否恰当。教学活动设计要以内容为中心，大量使用情境模拟、角色扮演、信息传递、语言游戏等活动形式来实现有意义的交际活动，以促进语言知识和技能的掌握，全面提高学习者的语言能力，特别是语言交际能力。

（三）语言运用的流畅性先于准确性

学习者在进行语言交际活动时，语言错误是不可避免的，教师应采取宽容的态度，对出现的错误可以采取委婉纠正的方式，不要影响学习者的积极性和课堂气氛，以免打断学习者连续的语言表达活动。学习者应在运用语言的过程中，逐步纠正自己的错误。

（四）强调教学环境与教学内容的真实性

学习者掌握一定的语言结构只是进行有效交际的基础，学习者还要具备在真实的目标语情境下恰当合理地运用这些语言结构进行交际的方法和策略。要为学习者积极创造具有真实意义的教学环境，组织学习者开展交际活动，使学习者在与实际生活紧密相关、符合目标语社会文化特点的真实语言情境中大量地接触和运用外语，进而掌握使用语言的能力。

培养学习者的语言交际能力需要教学内容尽可能靠近现实生活，语言材料要选择真实、自然的内容，反对脱离具体语境、孤立僵化的语言表达形式，那种书面体的语言在实际生活中很少使用。

（五）注重交际教学法的灵活运用

交际教学法在运用过程中根据不同的需要可分为弱式交际观和强式交际观。弱式交际观强调，交际只是语言学习的重要手段和工具，培养学习者的语言习得能力才是教学的根本目标。同时认为，学习者应当预先学习和掌握一些基础的语言结构知识，然后再去逐渐培养在实际生活中有效运用语言的能力。传统语言教学模式也包含了一部分语言交际能力培养的内容，包括各种语言模仿练习、课后实践活动等，都是培养学习者语言交际能力的具体方式。可见，基于弱交际观的交际教学思想是在传统教学理论基础上的继承和进一步强化。

强式交际观强调教学中学习者使用目标语进行交际的重要性，倡导教学重心应放在"如何使用外语"上，而不是单纯地"学会外语"。语言教学的最主要目的是使学习者能进行高效的语言交际和沟通交流，语言知识和技能的掌握只是语言交际的必然结果，学习者在语言的实际运用过程中能自然地习得语言。

二、交际法应用需注意的问题

第一，要认识到不论是听说还是读写都是交际的重要形式，在交际法教学中，既要加强听说能力的训练，也要加强书面表达能力的训练。但在交际法的推广应用过程中，人们更多的是关注语言表达的流利性，相对而言忽视了语言表达的准确性，进而影响了学习者的阅读能力。

第二，系统的语法知识对于有效的交际是不可或缺的，学习者在实际交际过程中需要以合乎逻辑的思维方式、以合乎社会规范的语言形式来表达和阐明自己的思想观点，不恰当的表达方式或不准确的语言形式都会影响到交际活动的实际效果。全面系统的语法教学是极为必要的，但在语法教学中也要注意，不能只是机械地记忆语法知识，要指导学习者深入地理解和把握语法的功能，帮助学习者把抽象的语法规则运用到具体的交际情境中去。

第三，交际教学法是一个开放的理论体系，并不囿于一家之言，在其发展过程中能够广泛地吸收语言学科和心理学科的优秀成果，很多先进的理论、思想、概念和策略已经有机地融入交际语言教学思想中，为交际思想的进一步完善提供了丰富的理性和实证素材。虽然交际教学法存在着不足，但是它依然有着很强的生命力。

第四节　大学英语教学中实施交际法的必要性

一、交际法的应用是对传统英语教学模式的突破

传统的英语教学主要是根据教学大纲，对英语知识的逐步积累式学习。其根

据大纲人为地把英语分割成语言片段进行教学，学生再通过学习重新组合成完整的语言。英语学习分为词汇、结构和功能几大块，割裂开进行学习之后，学生再把各个部分组合起来，形成完整的语言，最后达到彼此通过英语交流的目的。

语言是一个有机整体，但在我们的教学中，习惯简单地割裂语法、句子结构，势必破坏语言的整体性。学生学完枯燥的语法、词汇，还要将语言重新组合成整体来学习。这样的方法势必会降低学生的学习兴趣。所以，我们在活动中，不应该对语言形式限制过于严格。教师可以依据学生的基础知识和分析能力对语言规则做出自己的判断，在以后的语言学习中，把语言分解成单个词汇和语法教授给学生，形成整体—部分—分析的学习过程。

传统综合性教学大纲下，英语教学中语言教学和实际运用是割裂的，语言形式和意义也是割裂的。交际教学法改变了传统教学模式，将语言知识的培养当作教学的主要目标，并融入语言应用能力的培养。这种教学法需要学生主动去理解所学语言，并且把它运用到交际中，还要考虑语言运用是否正确，这极大地锻炼了学生的语言能力。

二、交际法的应用有利于培养学生的英语语言交际能力

目前，我国大学英语教学还处于传统的结构主义教学阶段，教师在课堂上以讲授语法为主，习惯将英文翻译成汉语以便学生更好地理解；在教学中存在英语语言的学习只要将语法规则、语言内容从理论角度讲解清楚就可以的思想。特别是在应试教育思想的影响下，教师和学生更醉心于各类等级考试，把大量时间用在了做题应付考试上面。

正是因为这种现象的存在，我们现在的英语学习还是以对词汇的记忆和对语法的讲解为主，并没有把语法作为一种工具来使用，也没有把词汇辨析上升到"正确用词"的高度，导致学生在学习过程中只停留在做题的水平，严重影响了从"语言学习"到"语言运用"的转变过程。所以，有些学生通过了英语四六级，还依然不能使用流利的口语进行交流，甚至连看英文材料都很费力。传统的教学方式严重影响了英语教学的效果，造成我国英语教学耗时低效的结果。

随着全球化的趋势和我国对外开放的速度加快，国家对英语人才的需求也在不断增加，并且对英语人才有了更高的要求。特别是在与国际的交流沟通中，需

要能够用英语进行流利交际的人才。只有这样，才能够自由地参与国际竞争。大学英语教学承担着培养英语交际人才的重任，传统的教学思想和方法显然不能满足这一需求，要改变这种现状，就必须引入交际教学思想，大力推行交际法教学。

三、交际法的应用有助于增强学生的英语学习动机

英语学习中，学习动机对学习效果的影响不可忽视。通过了解我们发现，大部分学生学习英语的动机，都是期望通过考试获得某一证书，以此来达到某种目的，提高自己的竞争能力，有明显的功利色彩。这样的心理动机下，就不会形成英语学习的长久性，一旦考试通过，当时在考试动机驱使下所学的内容就被丢到脑后，英语交际能力并没有真正培养起来。

根据国外英语学习经验，研究者通过试验和对比发现，只有具备学习英语的强烈的"整体动机"和"任务动机"，才有可能学好英语。交际法教学正是这样一种理想模式，首先设定具体的学习目标，再以交际为目的，为学生营造出一种学习环境，以内在驱动力促使他们去克服困难，进行日常英语学习。这种方式可以极大地调动学生的内部动机，使他们在达成交际的过程中体验成功感和自我满足感。

四、交际法的应用有助于激发学生的英语学习兴趣

我们常说，兴趣是最好的老师。所谓兴趣，是人们对某项事物的喜好和积极的选择性反应。只有英语学习兴趣被激发出来，学生才能将英语学习变成自主、能动性的学习行为。因此，教学效果和学习兴趣密切相关。 成功有效的课堂应当是由教师精心组织的，自始至终要注重激发学生的学习兴趣。

传统的高校英语教学，基本上是灌输知识的模式，忽略了教学的情感特征，忽略了学生在情感方面健康发展的需求，使学生看到语法就头疼，将英语学习视为"不得不学"的痛苦。这种消极的情感体验使学生渐渐失去对英语学习的兴趣。

交际教学法以交际为目的进行课程设计，教学题材新颖、趣味性强，注重使用最新语言反映实际生活场景，以此引起学生的兴趣，使学生在活跃的课堂气氛中领会和掌握知识。交际教学法让学生摆脱了以往课堂枯燥呆板的程序化语法教学，学生在课堂学习过程中，逐渐形成积极的情感体验，这种积极情感体验促使

他们对英语学习产生浓厚兴趣，从而提高英语学习的效率，使英语学习获得更大的成功，这是一种良性的循环。

五、交际法的应用符合学生已有的认知水平

入学之前，大学生已经在以往的学习中接受过多年的系统性英语学习，认知能力和英语学习能力都有相当程度的积累。他们的年龄在20岁左右，这个时期的学生自我意识比较强，对事物有自己独特的认知，不会再像以前一样被动地接受"灌输式"学习。他们有一定的分析、推理、判断能力，有学习的自主性需求。因此，从教育可持续发展的角度来看，摒弃因循守旧、习惯接受别人观点、思维被动的教育顽疾，培养有思想、有创造性的学生，是我国教育发展的大势所趋。

交际法教学中，教师尊重学生已有的认知能力，教师的"教"是为学生的"学"服务的。教师不再是课堂的主体，而是要了解学生的需要，设计课程时以学生为主体，为学生提供运用英语的机会，引导学生发挥自己的主观能动性。由此，学生为达到交际的目的，会始终保持积极的状态，主动思考、主动观察、主动回答，形成自己的语言学习系统，表达个人独特的见解。在英语学习过程中，学生的独创性也得到了提高。

交际法教学可以转变我国传统教学模式下，以教师为中心，一味灌输，忽视学生的动机和兴趣的教学现状，提高学生的英语学习效率，增强学生学习过程中的情感体验，培养学生创造性学习的能力。

从英语教学的角度来看，英语教学不应该只停留在教授语言知识的层面上，而应扩大到培养交际能力上。更进一步的教育目标是在培养交际能力的同时，把英语作为教育的一部分，在学习掌握工具的同时，培养学生良好的学习动机和兴趣，使学生的人格、学习获得可持续发展。从心理学的角度来看，现代认知学习观认为学习是认知结构的组织与重新组织，学习者以自己脑中原有的经验、心理结构和信念为主来建构知识，新知识与脑中固有的知识相互作用，促进认知结构的组织与重构。学习归根到底是学习者自己的事情，学习者认知结构的组织与重构，并不是教师教什么学生就学会什么，而是要靠学生自己发挥学习的主动性，以自己已经具备的语言能力（包括母语能力）、学习经验和认知能力为基础去学习、运用语言。交际法教学的实施是改变高校英语教学现存问题的必经之路。

第五节　交际法在大学英语听力教学中的应用

一、交际教学法定义

交际教学法，又称功能法或意念法。交际教学法提倡"功能—意念"结合，把语言的学习及其功能性、社会性融为一体来教学。与传统的语法翻译法、情境教学法、听说法等教学法不同，它突出了语言的交际功能，凸显了语言的本质——交际。

交际教学法的教学目标是要把英语作为一种交际工具来学习。学习英语的目的，是为了运用这门语言进行交际。这就要求教师把英语交际工具的作用从课上延伸到课下。教学活动要和"用英语进行沟通交流"紧密地联系起来，最终实现英语作为交际工具的教学目标。

教师和学生都不再单纯地把教英语和学英语以应付考试为目标，而是通过日常课堂引导与学习，提高学生用英语这一工具交流沟通的能力。教学中的课程设计应尽量营造实际生活场景，让学生身临其境进行语言学习，不仅能提高学习积极性，还会让学习更有效果，学了就能用。因此，交际教学法是一种既培养学生语言能力，又培养其交际能力的有效教学方法。

二、大学英语听力教学存在的问题

听力教学在大学英语教学中一直占有重要地位。这是由两方面的原因决定的：一是大学不同层次的英语考试中听力所占比重都很大，如英语四级、六级考试，听力测试分数占 35%；二是在语言学习中，听力本身就是一个学习语言很重要的途径。"听"的过程其实就是理解信息、记忆信息的过程，也是提升语言能力的过程。"听"至关重要，但是，目前我国大学英语听力教学还存在一些问题。

（一）教学方法刻板

传统的听力教学是按照"读题—听录音—核对答案"这样刻板的模式进行的。在这样的教学模式下，学生只要训练记忆能力，就能答对题目，不利于培养理解能力。另外，核对答案时，教师也只是简单地把答案告诉学生，并没有带领学生去学习怎么通过提高理解能力来找出正确答案。这就导致学生的听力技能不能从根源上得到提升。

（二）教学媒体单一

传统课堂中，听力的教授过程基本上依靠录音设备和音频文件进行。在课堂上，教师连续播放音频资料，学生不断地"听"，然后教师再做讲解。这种模式的弊端就是，学生始终处于紧张状态和被动接受的地位，学生和学生、学生和教师之间并没有交流反馈。再加上听力材料的重复性以及过程的程序化，学生很容易产生听觉疲劳，甚至是抵触心理。

（三）听说训练脱节

英语学习中，口语包括"听"和"说"两大范畴，两者存在互相促进的关系。但是实际教学过程中，教师和学生一般只注重听力练习，并不看重口语练习，这是由现有的考试弊端造成的。听说训练脱节，学生的听说能力发展不均衡，是目前大学英语教学中存在的主要问题。

三、基于交际教学法的大学英语听力教学模式

下面以一段对话为例，来阐述如何将交际法用在英语听力教学中。听力内容如下：

W: Oh, look at the news——another earthquake in Tibet! If only the quakes could be forecast.

M: Actually, scientists have successfully predicted several earthquakes.

W: Really?

M: Did you hear they said that in 1975 an earthquake would occur in Liaoning Province in one month, and then again one hour before it happened?

（一）听音前阶段

这是一段关于地震的对话，教师应鼓励学生介绍地震的知识，如为什么会发生地震，地震是否可以预测。学生说完，教师再做补充，以此激发学生兴趣。

（二）听音阶段

1. 理解听力材料

（1）第一遍播放录音

第一遍为提炼录音中的大概意思，也就是录音材料中的主题。听力材料结束之后，可以组织学生讨论，阐述自己对听力材料的大概理解。如果过程中出现不同观点，教师应该鼓励，先不要纠正错误，特别是鼓励听力基础差的学生，自信地说出自己的观点。基础好的学生可能第一遍录音就能抓住主题，基础差的学生还需要听取他人的讨论才能理解。

（2）第二遍播放录音

理解大意之后，第二遍是为了听取材料中的细节。在这个环节中，教师可以多提问，并鼓励学生提出自己不懂的问题。学生利用提问回答的环节，去思考、发表自己的观点，听取别人的解释、质疑等等，讨论过后，可以修正自己的观点。教师在播放录音的过程中，尽量不公布正确答案，而是鼓励学生通过辩论来证明自己的观点正确与否。在第二遍播放录音后，大部分学生都会对听力材料有进一步的理解，比如他们通过提问、质疑和解释等方式，就会得出听力材料讲的是西藏发生地震，且有些地震是可以被成功预测的。

（3）第三遍播放录音

基本上第二遍录音播放讨论完毕，大部分学生就会完全理解材料。但是，如果材料比较难，学生仍然无法正确地理解，可以播放第三遍录音。在这个过程中，学生可以随时要求中止录音，也可重复播放重要环节，播放过程中也可以提出质疑寻求答案。特别是遇到重点、难点，学生无法完全理解，教师可以提供必要的帮助和解释，直到学生完全吃透听力材料，再公布答案。

2. 学生讨论，语言输出性活动

学生互助讨论，是英语听力训练中一个特别重要且占主要地位的环节。通过互助讨论，将语言输入可理解化，一方面，对于外在的听力材料，学生通过听、思考、理解内化为自己的信息；另一方面，如果学生遗漏了某些信息，通过讨论可以从其他学生的理解中获知。这个过程既是一个听的过程，也是一个重新组织信息片段的过程。

在第三遍播放录音时，教师通过控制录音进度，使听力材料与学生直接互动，甚至教师也可以充当信息来源，这个过程可以使疑惑渐渐解开。听力训练过程成为一种在教师、学生、听力材料之间形成互动的过程。

（三）听音后阶段

听音后阶段同样不可忽视，可以把它作为延续，教师可以带领学生延展听力材料的话题，继续对听力材料进行讨论。比如，这个例子中，其实还有许多关于地震的话题可供讨论。地震中怎么科学逃生？地震后怎么自救？另外，除了讨论这种形式，教师还可以设计其他类型的活动，如角色扮演、对话练习等，供学生在听力之外进行口语交际的练习，避免单一的形式带给学生疲惫感。

利用对话的形式，学生之间双人合作对全班同学进行陈述，一是可以节约时间，二是给学生提供了当众练习口语的机会，这样的口语练习形式会让课堂更加生动有趣。从心理学方面理解，双人合作可以消除学生当众说话的紧张感，另一个人说话时也留给了自己思考的空间，双人合作互助这种形式更受学生欢迎。

除了口语练习，还可以根据听力材料设置听写练习或者短文写作，这样学生一方面加深了对听力材料的理解，另一方面也同步地提高了英语写作能力。

四、交际法在大学英语听力教学中的应用策略

交际法的教学思想是受社会语言学启发得到的。交际功能是语言最本质的功能，也是英语学习最根本的目的。所以大学英语教学过程中，要重视听与说的练习，教师应尽量多设计一些活动，让学生在模拟实际交际中进行学习。用交际法进行英语教学的过程中，应在课堂上多布置一些"任务"，引导学生的注意力转移到怎样利用英语语言达到交际的目的，而不是被动接受"句子结构"等语法训练。课堂模式从单纯、被动地听，转换为学生积极主动地参与交际，"听"之后，用实际的"说"来巩固学习到的内容。

（一）强调学生的主动性和相互作用

听力教学活动以学生的特点及其社会交际的需要为客观依据，摒弃传统教学中语法为纲的方式，教师教学中将学生放在特定语言环境中，促使他们借助自身的知识结构与语言积累，积极主动地进行听说交际训练，掌握新的知识。

首先，教师需要了解学生的背景和知识结构，如兴趣爱好、学习动机、语言

能力等，因材施教。听力教学要更加有针对性，才能够引起学生学习的主动性，使学生变成教学的主角。

其次，在听力课堂上应实行双向式交际，增加课堂会话机会和学生实际操练的时间，除教师和学生对练外，还应尽可能创造机会让学生与学生之间对练，使其学习主动性能得到更好的发挥。

（二）安排课时应以语言功能为单元，而不是以语法结构为框架

语言学习的本质，就是实现它的交际功能。语言交际主要体现在日常生活中，如倾诉、出主意、关心、道歉、邀请等。每一种交际都可以用多种不同的语言方式来表达。交际听力教学法正是以交际为基本目标，注重语言的社会性功能。因此，教师在安排课时时，选择的教材要具有实际的交际意义，提供多种表达方式，并让学生意识到语言形式的社会意义。

（三）将语言基础训练融入各种交际活动中，平衡语言输入和语言输出的关系

先从语言基础知识、文化背景入手，为下一步听力练习扫清语言和背景知识障碍；然后是较为简单的短篇听力训练及简短的口语练习；进而是较长篇幅的听力材料学习和围绕听力材料内容展开讨论；最后要求学生运用新学到的语言材料结合真实的交际场景（如参加晚会、出席会议、接受采访、发表意见、引导参观、电话交流、安排日程、产品介绍等）进行口语练习。这种由浅入深、由输入到输出的教学安排能使学生听得进、说得出，从而激励学生主动投入交际活动，并保持良好的学习热情。

（四）选取多元化的听力训练材料

选择听力材料的时候应该多样化，并且贴近生活。大多数人对真实生活的听力材料更喜欢。再者，可以选择不同口音、不同话题的听力材料。此外，选用真实材料时也要考虑学生的英语学习能力。随着科技的发展，如今的教学中，教师可以采用多种教学媒体，而不只是单一的音频材料，比如，英文电影、歌曲等，都可以作为听力材料运用起来。带有视频和音乐功能的材料，能使课堂学习更生动，更能激发学生学习英语的兴趣。

（五）在交际中进行听力检验

课堂听力练习的目标是让学习者在真实生活情境中获得交际能力。因此，听力应在交际中进行检验。例如，在角色扮演活动中，表演就是很好的检验听力训练效果的手段。

（六）将听力训练与说、读、写技能训练有机结合

听、说、读、写是语言学习最重要的四项基本技能。第一，加强听力训练。语言学习中的"听"，能够强化耳音和头脑反应之间的联系，多听可以提高辨音能力，通过翻译背诵强化自己的语言应用能力；第二，通过"说"加强模仿能力。英语学习中，让学生跟着音频模仿，修正一些连读、省音、语调等障碍，克服听音不准的困难，有利于语言运用能力的提高；第三，复述练习，也就是跟读练习，学生听完一句复述一句，或者听完整段再进行大概语意复述，可锻炼即时记忆能力和口头表达能力，形成英语语感。教师和学生也可以进行角色扮演，对所学重点、难点设计对话，增加提问回答环节。

（七）营造轻松愉悦的教学氛围，增强学生自信心

在实际的教学中，学生的英语水平往往是参差不齐的，对于有些英语基础薄弱的学生，要通过增强学生自信来帮助学生提高英语水平。英语水平的提高是一个长期的过程，需要长时间的坚持。英语基础薄弱的学生，本身就会自信心不足，教师要做的就是为学生创造轻松的学习环境，鼓励学生突破心理障碍，先让他们说简单的句子，培养自信心。口语练习不一定需多高的英语水平，教师可以鼓励学生在自己掌握的英语知识范围内，尝试性地开口去说。练习阶段要多鼓励学生进行心理建设，在突破心理障碍后，学生习惯了用英语交际，再纠正语句中的错误。"说"不仅可以增强学生学习英语的信心，也可以提升听、读、写方面的能力。

交际法英语听力教学是一种全新的教学模式，对教师提出了新的要求。这种教学模式要求教师不能只站在讲台上讲课，而是要树立起当好"导演"的观念，设计丰富有趣的教学活动。他们是课堂的组织者，同时也是参与者。教师应鼓励学生当"演员"，还要参与和学生之间的英语交际，以此来激发学生学习英语的主观能动性。

第四章 语言教学研究与社会文化模式理论

随着我国经济发展，对外交流成为社会常态。社会进步对人才的需求增多，对人才的培养提出了更高的要求。而英语又是当今国际上进行交流的主要语言。因此，培养综合性英语人才，是我国高等教育的当务之急。然而在大学英语教学中，文化的导入并未引起教师的重视，但是文化又能让学生了解中西文化差异，提高其英语学习质量。因此，本章对社会文化模式理论与语言教学问题进行了分析与探讨。

第一节 认识文化适应模式

一、解读文化适应

文化适应（acculturation）是人类学的一个研究范畴。对文化适应的解释大概有几种。雷德费尔德（Redfield）等认为，文化适应是指两种不同文化群体在持续的交际、接触过程中，两种文化互相影响，文化模式产生变化的过程。理论上，文化模式的变化是互相影响的，意思是互相接触的两个群体文化模式都有改变。但实际生活中，往往是更多的改变发生在相对弱势的群体一方。文化适应是一种文化要求，即要求个体去适应新的文化模式。博克（Bock）认为："文化适应即为了满足环境的需要（或者来自自然的、生物的环境，或者来自外界的社会制度）所习得东西的过程。"

适应一词，最早来自生物学中的说法。从词语形态上看，adaptation（适应）和 acculturation（文化适应）是不同领域的不同词条。但是，当它们被纳入心理学体系研究范畴之后，"文化适应"就成了"适应"的一种特殊例子。之所以成为文化适应，是指人因为文化环境的转移，而相应调整自己的行为模式。一般来说，文化适应是指人从一种文化环境进入另一种文化环境之后，个体对新文化的认知和受原文化的影响，主动做出的行为模式的调整和选择。这是一种主动性的、有意识的行为。与 acculturation 相似，英语中还有一个词 enculturation 也有文化适应的意思。从社会心理学角度看，这两个词是有区别的，代表两种不同的过程。acculturation（文化适应）是指个体从熟悉的母文化环境进入新文化环境后，产生的行为改变和适应过程。它是一种对外来文化，或者说对他文化的适应过程。而 enculturation（文化适应）是个体在社会化的过程中对母体文化的价值观和习俗等的学习和适应过程，因而它是一种对自身母文化的适应，也可说是内文化适应。

　　Enculturation 出现在个体早期的学习生活之中，它是个体在早期认知阶段对所处社会文化环境的适应过程。而 acculturation 则是个体接受母文化之后，因为迁移不得不再适应新文化环境的过程。

　　从人类学视角看，人类学家一般将文化适应当作群体行为研究。从社会心理学视角看，社会心理学家一般将文化适应分成"个体文化适应"和"群体文化适应"来研究。两者的不同之处在于，个体文化适应会导致个人价值观和行为变化，而群体文化适应会引起社会文化、政治倾向等社会变迁。

　　对于个人而言，文化适应一般要经历四个不同的心理阶段。第一个阶段，是好奇和愉悦阶段。接触新文化的初期，个体是以一种新鲜好奇的心态，愉快地接触外来文化。第二个阶段，即文化休克阶段。随着了解的深入，个体会发现母文化和外来文化之间的差异，并且因为差异感和对外来文化还不熟悉，个体会有心理不适感和多种情绪掺杂的负面体验。第三个阶段，即反常态期。在个体和新环境的融合过程中，一些简单的适应问题可能已经解决了。但是，存在于两种文化根源深处，如不一样的思维方式、不一样的感情表达方式等差异，让个体开始产生焦虑情绪。他们一方面会对自己的母文化产生怀念和依赖，另一方面不确定自己是否能适应新的文化环境。第四个阶段，即被同化阶段。随着越来越深刻地了解新文化，文化冲突引起的不适应的感觉会慢慢变淡。很多人开始主动去学习适应新文化体系，并且在学习适应过程中，主动做出妥协，在新环境中发展出一个新的自我。从一定意义上讲，文化适应摧毁了个人在旧有文化脉络中形成的体系，重建了一个新的安定的体系。异文化与母体文化的差异指数不同、与异文化接触的形态不同、个体的适应能力不同、个人生活背景的不同都会影响文化适应的过程，因而文化适应过程是因人因时而异的。

文化适应一般会面临两个问题，一是文化维持情况，二是个体对新文化的接触和参与情况。根据这两个问题，从弱势文化群体角度，文化适应一般分为以下四种情况：一是个体融入新文化的意愿强烈，主动和主流文化求同，那么个体就使用同化的文化适应策略；二是如果个体特别依恋自己的母文化，力求避免和新文化产生互动，那么个体就使用分离文化适应策略；三是个体在看重自己母文化的同时，对新文化也有浓厚的兴趣，那么就会使用整合的文化适应策略；四是个体对自己的母文化和新文化都没有太大的认同，那么就会使用边缘化的文化适应策略。上述的四种文化适应模式是在我们假定弱势文化群体及其成员有选择自己文化互动模式自由的前提下提出来的。

实际情况中，弱势文化群体中的成员一般并没有选择文化互动模式的自由。这是因为，在遇到主流文化群体强行推行自己的文化模式给弱势的一方，弱势文化群体的成员其实是没有自主选择权的，只能被动接受强势文化群体安排的互动模式。就上述所说的"分离"式文化适应模式而言，指的是为维持母体文化而拒绝适应主流文化的策略。但是，如果是主流文化强势要求弱势一方采取分离的形式，那么弱势群体的"分离"策略，就要需要换一种说法，即用"隔离"来取代。同样的，如果弱势文化群体被强迫选择同化的互动模式，那么同化适应模式就应该换成"大熔炉"的说法，甚至要更激烈一点，改成"高压锅"也不为过。这样的说法，正是因为文化互动模式中，文化其实同样具有排外性。只有在一些高度自由、开放，又不拒绝其他文化的多元化的社会中，才有可能真的进行文化的整合，弱势文化群体才能把自己的文化带入主流强势文化社会中，并影响主流文化群体的基本价值观。

对于文化适应的研究，国外学者主要从文化适应模式、文化适应过程、文化适应阶段、文化适应行为等方面进行理论研究。国外的研究告诉我们，文化适应是一个过程，同时也指向结果。文化适应不仅带有个体适应的色彩，也有群体文化适应的倾向。文化适应是有一定规律可循的，也是可以指导人类具体文化行为的。国外文化适应理论研究已经有一套完整的理论体系，我们可以借鉴其理论基础，对不同区域、不同族群文化适应的问题做研究，来区分是否不同区域和种族，都会遵循文化适应理论中所论述的文化适应模式、过程、行为以及发展阶段。

学者对于文化适应的理解也不尽相同，有观点认为，文化适应是外来的制度和文化对社会造成的冲击和影响。同时，同这种外来文化的接触又是整体、持续、直接的，并且以及引起了社会文化形态某一方面的变化。

文化适应是文化变通的一种形式。一般来说，两种文化间同质化越多，如社会价值观相似，互相抵制就越少，相反两种文化间契合性越弱，矛盾就会越多。文化适应过程是否顺利，起决定性影响的是一定社会中占主导地位的价值导向。在实际社会中，因为各民族和地区都有其各自的文化特征，文化适应是一个复杂的过程。文化适应的结果无外乎有以下几种：第一，社会中每种文化都存在，存在着文化差异和文化间的矛盾；第二，强势文化取代弱势文化，其中可能伴随着强制性的改革，要求弱文化一方做出改变，接纳强势文化；第三，文化间产生自然的融合，双方互相接受和改变，形成一种新的、和谐共存的文化。

我们一般都会从两个方面研究文化适应，一是群体的文化适应，二是个体的文化适应。在这里，笔者主要关注的是个体的文化适应，个体的适应情况从一定程度上反映出了群体的文化适应情况。随着人类社会的发展、交通的便捷和文化传播方式的改变，各民族文化得到更快速的传播，面对外来文化的冲击，文化适应变得越来越重要。

二、文化适应模式的提出

1973 年，约翰·舒曼（Johann Schumann）和他的同事考察了 6 位西班牙学习者在美国学习英语的状态。这些学习者都是在自然状态下进行学习，着重学习 3 个具有代表性的语言项目。他们通过跟进发现，其中一名 33 岁叫阿尔伯特的男士英语水平较其他 5 位学习者低，几乎是原地踏步。约翰·舒曼等学者开始寻找阿尔伯特学习不能进步的原因。

他们从三个角度，即智力发展水平、个体生理因素、个体心理因素，试图找到原因。他们提出了三个可能：认知能力区别于他人；年龄问题；学习者对融入英语环境有心理距离和社会距离。

约翰·舒曼首先对阿尔伯特的认知能力进行了测试，测试结果排除了第一种可能；约翰·舒曼又从理论上说明了年龄在第二语言习得中并不起到关键的作用，推翻了第二种可能。为了检验第三种可能，约翰·舒曼对阿尔伯特的语言进行了详细的分析。

约翰·舒曼发现，阿尔伯特的语言中具有明显的洋泾浜语特征，这是一种第二语言学习者为了与目标语群体交际所采用的简化了的目标语。对洋泾浜语的研究曾指出，这种简化了的目标语形成的原因在于，说洋泾浜语的人和说标准目标语的群体之间缺乏紧密的社会联系，这与约翰·舒曼提出的第三种可能相近。

约翰·舒曼接着把阿尔伯特与另外 5 位被测试者进行比较，最终发现，其他 5 位均来自技术移民群体，与美国的社会距离比来自工人移民群体的阿尔伯特要近。因为社会距离的疏远影响其心理距离，阿尔伯特不愿意与美国社会及其成员接触，将自己封闭起来，直接导致了语言习得与其他人的差距。

约翰·舒曼通过研究阿尔伯特语言习得缓慢的原因，并且根据前人关于第二语言学习的理论基础，提出了"洋泾浜假设"，后来又称之为"文化适应模式"。这个假设是说，学习者所处的社会地位和心理状态会影响第二语言习得。文化适应取决于社会距离和心理距离两个因素，文化适应的快慢，决定了第二语言学习的效率。

三、文化适应模式的具体内容

文化适应理论认为，第二语言习得取得什么样的效果，取决于学习者与所习语言文化之间的距离，这种距离包括社会距离和心理距离两方面。距离越近，学习效果越好。其中，社会距离是指学习者与所习语言社会成员接触时产生的关系；心理距离则是学习者对第二语言的心理接受程度，是个人因素。社会距离起主要作用，心理距离的作用只有在社会距离不明显时才会突出。

（一）社会距离

社会距离指的是学习者与所习语言社会群体之间的关系。学习者与所习语言社会群体之间接触越频繁，社会距离越近，那么对所学语言接受度也会相应提高。社会距离和心理距离相比较，社会距离的地位高于心理距离。社会距离主要包括以下几个因素，这些因素之间是相互影响、相互补充的关系。

1. 社会主导模式

第二语言学习者群体和所习语言社会群体之间，并非只有平等的模式，而是包括"主导地位""从属地位""平等地位"三个等级。两者之间的平等程度决定了学习者对第二语言习得的效果。

研究者发现，如果学习者群体与第二语言群体两者之间的社会地位不平等，便会对学习者的学习效果起到负面影响。只有两个群体在文化、经济、政治等方面处于平等地位时，学习者才愿意学习第二语言，才能对学习起到促进作用、取得好的学习效果。

2. 融入策略

融入策略的意思是学习者在面对所习语言群体文化时的态度。融入策略也分为三种情况：一是同化策略，二是保留策略，三是适应策略。融入策略对第二语言习得并不能起到决定性影响。

3. 封闭程度

封闭程度指第二语言习得群体和目标语群体共同享用社会设施、共同工作的程度。

4. 凝聚程度

凝聚程度指第二语言习得群体内部成员间的密切程度。

5. 群体大小

群体大小指学习第二语言的群体人数的多少。一般来说，群体越小，成员之间紧密程度相对低；群体越大，成员之间紧密程度越高。所在群体人数少的学习者更容易取得好的语言习得效果。

6. 文化相似性

文化相似性指第二语言学习者群体的文化与目标语群体文化的相似程度。两个群体文化的相似程度越高越有利于习得。

7. 态度

态度指第二语言学习者群体对目标语群体的整体态度。态度可分为正面态度和负面态度两种，正面态度较之负面态度有益于习得。

8. 打算居住的时间

打算居住的时间指第二语言学习者群体是否打算在目标语群体所在国长期居住。

关于社会距离中的 8 项因素与二语习得的关系，如表 4-1-1 所示。

表 4-1-1　社会距离与二语习得的关系

社会距离	社会主导模式	融入策略	封闭程度	凝聚程度	群体大小	文化相似性	态度	打算居住的时间
有利于习得	平等地位	同化适应	程度低	程度低	小	高	正面	长
不利于习得	主导地位从属地位	保留	程度高	程度高	大	低	负面	短

（二）心理距离

与社会距离考察学习者和所学语言群体之间的社会关系不同，心理距离侧重考察学习者与所学语言群体之间的心理距离，这种心理距离大多是由于感情因素造成的。心理距离越小，关系越亲密，语言输入量越大，学习效果越好；反之，心理距离越大，关系越疏远，语言输入量越小，学习效果越差。

一般来讲，社会距离对第二语言习得效果的影响比心理距离更大。但是，当社会距离对第二语言习得的影响很难说是有利还是不利的时候，个体心理因素对语言习得效果的影响更大。具体来说，心理因素由以下相互关联的四项因素构成：

1. 语言休克

研究发现，学习者使用第二语言时会有心理障碍，导致羞于开口，这就是语言休克。当学习者对自己的学习效果没有信心时，总会因为紧张或者怕自己不能找到合适的词表达意思而不愿意开口说话，这些都是语言休克的具体表现。语言休克对第二语言习得效果会产生不利影响。

2. 文化休克

文化休克是指学习者处于一种群体隔离而产生焦虑抑郁的心理状态。当学习者进入一种陌生的文化环境，会因为失去自己所熟悉的所有社会交流符号与手段而变得手足无措。他们担心自己原来的思维模式不被接受，原来惯用解决问题的方法也不再奏效，从而产生一种迷失、疑惑、排斥甚至恐惧的感觉。许多第二语言学习者进入模式环境后，除语言休克外，也会产生文化休克。因为需要融入环境，学习者必然会先调整自己，但是有的学习者会因此将自己封闭起来，导致无法融入环境。所以，学习者文化休克的时间越短，融入新环境的时间越快，越有利于第二语言习得。

3.学习动机

学习动机指学习者学习目标语的原因。学习动机分为两种类型：一种是融合型动机，另一种是工具型动机。

4.语言疆界渗透性

语言疆界渗透性指学习者是否能够打开语言屏障，以开放的态度接受语言输入的意识。

关于心理距离的4项因素与第二语言习得的关系，如表4-1-2所示。

表4-1-2　心理距离与二语习得的关系

心理距离	语言休克	文化休克	学习动机	语言疆界渗透性
有利于习得	程度低	程度低	融合型动机	渗透性强
不利于习得	程度高	程度高	工具型动机	渗透性弱

四、文化适应模式对综合英语教学的启示

当前，我国的英语学习主要是通过教师在课堂上授课来完成的，还没有形成目标语社团的学习环境，英语学习者无法接触到社团学习。这就导致了语言学习者对英语学习的心理疏远，还未形成将第二语言融入生活的模式。在英语教学中，如果教师能够意识到这一点，并进行恰当的引导，学生的英语学习兴趣被激发出来，学习主动性也会相应提高，文化适应速度加快，这样才会有好的英语课堂教学效果。

学生缩短对英语文化适应的心理距离，可以有效促进英语学习效果。综合以往的教学经验，笔者针对综合英语教学提出以下几种建议：

（一）进行角色扮演，创造真实语言环境

英语课堂上角色扮演的意义，旨在通过听说能力的练习，帮助学生熟悉英语国家的文化，并通过课堂上的实践练习项目，掌握英语国家中人际交流的方式。教师在设计实践练习的时候，可以设计富含趣味性的练习，如角色扮演、互动对话、情景表达等等。这些练习一般都会还原生活场景，为学生创造真实的语言环境，让他们有种身临英语国家人们之间交际交往的感受，深刻感受英语国家的文

化内涵。只有这样，才能帮助学生提高对英语国家文化的适应度，同时提高学生的学习兴趣和学习效率。

（二）布置课外阅读材料，丰富学生英语文化背景知识

任何一门语言的学习，只学习其语言而不学习其文化，都是无法达到学习目的的。因此，要想培养英语专业人才，从一开始就应从英语世界的文化背景知识入手。培养学生的英语文化意识是尤为重要的一项工作。在以往的语言学习过程中，学生基本上会接触到一定的英语国家文化背景，只是这些知识并不是成体系地学习，因此可能概念比较模糊，并没有形成一个整体。对此，大学英语教学中，教师应该引导学生通过阅读指定的课外材料，将学生已有的知识梳理清晰，使其系统化、条理化。可以参阅的书籍有《希腊罗马神话》《伊索寓言》《圣经故事》等国外经典名著。阅读任务可以由少到多、由简到繁、由易到难，这样不至于使学生因为语言上的难度就丧失兴趣，从而放弃。

（三）有意识地加入文化背景知识介绍

在阅读过程中可能会有这样的问题，文章在语言上并不难，可是学生却往往不能理解其中的含义。这就是学生缺乏相关的文化背景知识造成的。因此，教师在讲授课文之前，建议提前让学生去查找相关的背景知识，扩大学生的知识面。课堂中，可以组织学生一起讨论了解到的文化背景知识，并给予肯定和补充，一旦语言和文化背景障碍被清除了，语言学习也就容易得多。这样有利于增强学生对英语文化的适应度，调动学生学习语言的积极性，从而学习达到事半功倍的效果。

（四）组织课堂英语学习活动

利用课堂英语学习活动促进学生学习英语文化，是一种行之有效的途径。课堂学习可以是多种多样的，通常有以下几种形式：课前英语故事、英语知识竞赛、英语情景剧等。这些活动有些是可以每天进行的，比如课前五分钟，可以安排一名同学讲一个英语故事，促使学生提前花时间去了解英语文化，做好课前准备。故事内容不限，可以是神话故事，也可以是历史故事，甚至是英语小说简介。学生只要清楚讲述出故事大概脉络，其余学生能够听懂即可。这种方式既练习了口语表达，又可以督促学生主动去了解英语文化，可谓一举两得。此外，还可以偶

尔抽出课时，组织学生进行英语戏剧表演。准备过程中，学生必须翻阅大量资料去学习故事背景、设计故事情节、组织口语交际。这个过程就是一个英语文化学习和口语交际练习的过程，同时增强了英语学习的趣味性。

除此之外，还可以运用多媒体教学手段，在课堂上通过播放英文电影、纪录片等，让学生学习英语国家文化，缩短学生对英语文化适应的心理距离。

第二节　社会文化理论核心概念及主要内容

一、社会文化理论核心概念及主要内容梳理

（一）调节论

社会文化理论认为，人的心理发展受社会环境的影响。人与社会环境之间是可以互动的。人的外在社会活动，包括文化活动，转向内在心理功能的过程称为调节。调节可以使知识得到完善得到提炼，并达到一致。

社会文化理论中的调节论认为，调节作为一种工具，它可以是物质工具、认知工具、符号工具。而人类意识作为一种高级心理机能，意识的发展是受符号工具调节的。语言是最重要的符号工具。人类通过语言调节自己与社会和他人的关系，并且根据语言反馈调节自己的行为。语言这种符号工具将个体和社会紧紧联系起来。

人与外部环境的联系是间接的、受调节的，这种间接关系需要借助经过文化历史积淀的辅助工具（文化产物、概念和活动）。在辅助工具调节人的活动的同时，人的心理结构发生了本质变化，形成了人类特有的高级心理机能。无论是人类种族还是个体，从直接的、自然的低级心理机能（包括听觉、视觉、嗅觉、触觉、自然记忆和无意识注意）发展到间接的、要通过各种文化制品（包括工具、符号以及更精细的符号系统，比如语言等）来实现。其中，心理工具的使用是这个转化过程的标志。心理工具是客体性的，如记忆技巧、代数符号、图例和语言，它们是个人心理活动和发展的调节因素。一般的物质性工具是外向性的，指向客观世界；心理工具则是内向性的，作用于主观世界。

社会文化理论认为人类心理机能的发展经历了"心理间"到"心理内"的过程。一定的社会环境影响人类的心理功能发展，人在社会中的活动能够促进人类高级心理机能的内化转换。可见，社会文化因素是促使人类心理机能发展的重要条件。童年阶段的认知发展是最快的，儿童在一定社会环境中，通过模仿他人，与他人互动学习知识和技能，并在自我心理的调节下，内化为自我的高级心理机能。儿童的认知发展过程需要经历从"客体调控"到"他人调控"再到"自我调控"的三个阶段。

"客体调控"是指个体直接受周围环境的控制与影响，被环境左右；"他人调控"是指儿童在遇到困难时，"他人"，如父母、照料者等给予儿童心理上的引导或者行动上的帮助。在他人的调控下，儿童会逐渐摆脱周围环境的不良影响。在他人调控中，语言这种工具是最重要的手段。它不仅是成人与儿童之间信息交流的主要手段，而且有助于关键概念的捕捉和保持。"自我调控"是指儿童能够控制自身行为，使用语言自我调节。最终，语言调节会从最初的外显形式，逐渐发展成为语言调控的自动化模式。自我调控的过程是一种认识、熟悉和掌握带有文化因素符号的过程。

不局限于儿童，成人在学习一项新知识和技能时，也需要这样从"心理间"到"心理内"的接受过程。

（二）内化论

维果茨基（Lev Vygotsky）认为，人们所处的环境与人们的内部心理有着密切的关系。个体认知的发展首先是通过人际之间，也就是人与社会环境之间的交互实现的，而不是首先通过内化的过程实现的。也就说，人的心理变化过程，首先是社会环境作用的结果。外部环境作用于人的内部心理变化，然后才能转化为内部活动。维果茨基认为内化是对外部行为的内部重建，内化有三个步骤：第一，人与人之间的交流首先是外部的，如集体活动、社会活动。第二，外部的交流变成个人内部心理重建的过程。这是一种向个体的、独立的形式的转变，是心理活动向内部心理转化的过程。第三，个人心理内化的过程是长期的、一系列事件发展的结果，也就是说，内部心理转化是一个漫长的过程，且是自发性的，不是传授的过程。

兰托夫（Lantolf）和索恩（Thorne）认为，内化是维果茨基针对将生物和社会文化因素的二元主义合并为身心一体而提出来的。后来，人们解读出了不一样的意见，主要是从天生论和社会构建主义提出了不同观点。兰托夫和索恩认为，社会文化理论调节和内化的外在表现形式就是人类的模仿行为。模仿是人类常用的手段，特别是语言的学习，模仿是一个很重要的方面，对第二语言的学习帮助更是起到了非常重要的作用。兰托夫和索恩还认为，模仿是整个内化过程的中心。儿童和成人的模仿是有区别的，儿童模仿自娱自乐的目的更强，而成人作为学习者，模仿行为是一种有意识、有目的性的行为。

关于内部语言，德格雷罗（Guerrero）系统地考察了大脑演练和有控制的内部语言的区别，认为私语的过程，如影子练习、自我释义都是促进内化的有意义的活动。

弗劳利（Frawley）在他的专著中将维果茨基的内化论、社会观运用于认知科学中，希望建构二者的联合体，进而整体运用社会文化理论。

（三）语言论

语言作为一种最重要的认识工具，具有与他人交流信息和表达感情的功能，对于人类个体发展来说，也是必不可少的调节认知发展的工具。语言的这种调控作用就是"语言化"，即在完成复杂的认知任务时，个体往往会借助语言工具将任务完成的过程表达出来，进而帮助思维。语言化可以帮助学习者在语言形式与意义系统之间建立联系，调节其已有的概念与刚刚获得的概念，从而让个体顺利完成复杂的认知任务（概念的内化），进而重塑学习者的思维。

社会文化理论消除了语言学习和语言使用的界限，把个人从理想的听说者世界和试验室中移出来，放到日常生活中（包括真实的课堂环境），强调个体与社会环境之间的互动，并且阐明了认识与发展的关系，为研究语言教学提供了一个新的理论视角。

（四）最近发展区理论

儿童的发展水平有两个层面：一个层面是实际发展水平，指儿童已经具备的独立解决问题的能力；另一个层面是潜在发展水平，指还没有形成的，但可以在成人的帮助下解决问题的能力。最近发展区是实际发展水平和潜在发展水平之间的过渡区域。

儿童以语言为调节工具，在社会中与他人互动，并且不断学习知识，把外在知识转化为内在自己的知识，从社会层面内化为个人心理层面。依靠以上论述，社会文化理论提出了"支架"学习法。这种学习方法提出，在和儿童的互动交流中，有经验的成人能够发现儿童的知识结构特征，并通过语言指导、帮助儿童克服困难，逐步搭建起儿童自己的知识结构，从而帮助儿童逐步实现独立学习。

最近发展区理论和"支架"学习法，同样适用于第二语言习得。最近发展区理论是指某些学习者学习语言知识或者技能时，还不能独立运用，但是可以在别人的帮助下完成。"支架"学习法则是指学习者可以和有经验的人士交流沟通，并得到他们的引导，在这种交流引导中内化自己的语言体系，对语言实现从他人调控到自我调控。

二、对社会文化理论的反思

与二语习得认知派的观点相比，社会文化理论的基础和实证研究与其完全不同。因此，为了对二语习得理论有一个更加全面、深入、客观的认识，需要从不同层面反思社会文化理论。另外，反思社会文化理论也要求我们在研究理论和研究方法的选择上酌情考虑，为以后的研究目的服务。

（一）对中介、内化概念的思考

社会文化理论运用于二语习得研究必将促进二语习得的发展，它强调人的高级认知功能，认为通过社会互动可以内化语言技能等。虽然社会文化理论关注人的认知发展和社会因素，但反思社会文化理论中的中介、内化概念，有其对语言学习无法全面解释之处。中介概念认为，人既具有低级生物性本能，同时也具有高级心理功能。高级心理功能是人区别于动物所特有的，特别是人可以使用语言这种具有社会性的符号工具。实际上，语言学习不仅仅是社会情景中人际互动的结果，也存在复杂的包括以低级心理功能为基础且起作用的认知机制。所以，中介论和内化论不能全面反映人的内在心理机制。关于内化论的思考，从社会文化理论角度看，内化过程是个体交流转为心理内交流，也就是说学习者将从社会交际中学习到的符号工具内化为自身心理工具。但是，学习过程是一个复杂的过程，不仅仅是简单由外向内的转化，其中还包括个体的内部原因，比如个体的学习兴趣、学习动机以及个体的意志力等。此外，内化过程中不断产生的新知识与外部因素是互相作用的。因此，学习应是从内到外、从外到内，不断互动循环的过程，而不是简单地从社会交际心理间到个体心理内的单向线型过程。社会文化理论与认知派理论相结合也许才能更好地解释学习者的二语习得过程。

（二）对其他概念的思考

由于社会文化理论的核心概念——中介和内化存在无法解释之处，反思调节、个体言语、最近发展区、支架等相关概念，其中也存在一定的不足。虽然也谈及在外界帮助下，学习者因内化作用而具备独立能力，但都更看重外显性，对个体内在认知和内化心理关注不足。我们都知道，语言的发展过程不仅是从社会言语、内部言语到个体言语，也应是从内部言语到个体言语再到社会言语的不断循环、互相作用的过程。目前实际的研究工作，缺乏对个体语言转化为社会语言研究的理论支持。另外，我们研究发现，"搭架子""调节""最近发展区"都可以帮助学习者取得一定学习成效，但是缺少"为什么同样条件下的协助，不同的学习者学习效果不同"这方面的探究。社会文化理论认为，经过帮助，群体都能达到相同的水平，强调群体性弱化了学习者个体差异。实际上，学习者个体化差异，如学习者的年龄、性格、认知、学习动机等，都会对学习效果产生很大影响。而社会文化理论却没有解释这些影响语言学习的重要因素。社会文化理论与认知派的哲学倾向、语言观等的出发点不同，要客观地理解相关概念的内涵，以便更好地认识它们之间的差异。

（三）对研究方法的思考

在二语习得领域，社会文化理论的发生学分析研究多采用定性方法，认为语言学习过程就是教学者把大脑里的知识输入学习者大脑的过程，这种认知管道模式显然太片面，语言学习应该是个体之间的互动过程，是双方互通交流、取长补短的共建。为了更好地理解二语学习者的成功表达与交流，应该用本位的（当局者）方法进行研究。而认知派的研究多采用反应时等定量方法，强调对变量的控制，也采用有声思维、访谈等定性研究方法，但研究者担当的角色是非位的（旁观者）。反思这些研究方法，都有可取之处，我们应该根据实际研究的需要运用不同的方法。

（四）对应用研究的思考

理论方面的不足一定会影响到实证研究的结果。在对理论部分的思考中，我们意识到社会文化理论不能完全解释语言学习的内、外部因素，这一点在实证研究中也反映了出来。首先，在个体言语、模仿、概念隐喻、手势的相关研究中都存在研究结果不一致、无法很好地解释研究结果的现象，没有对语言内化的复杂过程及学习者的内部因素给予很好的解释，我们无法知道内部向外部所起的作用；其次，在最近发展区的研究中，学习者帮助他人时产出他们自己独立表达时可能不能产出的句子，这一点用社会文化理论很难解释。

第三节　社会心理模式、社会教育模式和创造性建构学习模式

一、社会心理模式

社会心理模式认为，个人在社会中的认同感导致语言具有区别性。语言能力的发展和个体自我认同感有关系。学校教育的出现，更是加深了语言的区别性发展，语言逐渐成为个人自我认同的重要组成部分。在学习另一种语言的过程中，学习者不可避免地要接受另一种语言和文化中的某些行为，其中会涉及学习者的认知和感情。社会心理模式认为，情感因素在外语学习中占重要比重，个体取得外语学习的成功，取决于他的学习动机，以及对第二语言的文化认同程度。

语言学习的动机分为两种：融入性动机和工具性动机。所谓融入性动机，指的是语言学习者对所学的第二语言文化的认同度和对其成员的接受度。所谓工具性动机，则是考虑新语言能否带来现实的价值和用处。两者相比较，融入性动机更多地强调学习的情感性因素。有些个体也会把学习另一种语言当作一种手段，目的是为了融入另一种文化社会。总体上来说，融入性动机反映了个体是否愿意主动接纳另一种语言文化，个体的动机直接影响个体的学习态度和效果。但是，这并不是促进语言学习的唯一因素。也有不少学习者，工具性动机对他们学习外语的影响会更大一些。

学习态度，指学习者对自身以外语言文化社团的整体感受，这里面甚至包括民族意识。学习原因指学习语言的内在需求。学习认知能力包括自身智力和语言学习的潜力。其中，学习态度和学习原因共同作用于语言学习动机。学习态度、学习原因及学习动机，三者又直接影响学习者的语言能力。当学习者的语言能力达到一个高水平阶段，就会对其自我认同产生影响。这种影响包括两种，一种是语言学习结果的递加性，另一种是语言学习结果的递减性。导致这两种结果的原因有很多，其中包括学习原因以及文化社团带给学习者的压力。一种情况，学习者在没有感到任何压力的情况下，使用外语的频率大于母语，或者减少母语的影响，学习的结果就是递加性的。这是因为学习者内在心理的变化，在语言的自我认同上更偏向于第二语言，这种心理变化使语言学习向积极方面发展。另一种情况，如果学习者学习语言过程中，受到外界强加的压力，会导致学习结果的递减性。这种压力会造成文化认同的失落感以及自我意识的疏远感。

总之，从社会文化的角度研究语言学习的模式，描述自我认同和双语发展在语言学习过程中的变化及其相互影响，充分显现了语言学习过程中社会因素的作用。

二、社会教育模式

在二语习得的研究中，与其他社会模式相比，社会教育模式的体系更为复杂，内容更为丰富，已经超越了单纯探讨社会因素对第二语言习得的影响，而是以社会环境为起点，将影响第二语言习得的因素串联在一起，形成一个链条效果。

社会教育模式包括四个方面，分别是社会环境、学习者的个体差异、习得环境、习得结果，每个方面又由不同的因素组成。

现在，对社会教育模式的解释，包括以下五种：第一，社会文化环境的影响，决定学习者的学习态度，以及他们与目标语文化融合的意愿；第二，学习者对目标语文化的认同程度和学习态度，又共同决定了学习动机；第三，动机和语言学能彼此独立，其中动机在正式的学习环境和非正式的学习环境中都很重要，语言学能在正式的学习环境中作用更大；第四，动机和语言学能（还包括智力、情感焦虑等因素）决定学习者在不同习得环境中的表现，影响第二语言习得效果；第五，习得结果分为两种，语言习得结果和非语言习得结果。

学习动机和习得效果的关系是社会教育模式研究中的重点，同时这两方面的关系也是出现争论最多的。学习动机和习得效果关系争论的焦点是，学习者融合型的学习动机是否更有利于第二语言习得。大多数观点都倾向于融合型动机更能促进学习效果，更有利于第二语言习得。

此外，社会教育模式没有提及第二语言习得在模式中究竟是如何发展的。当然，社会教育模式的提出也推动了第二语言习得研究的发展。社会教育模式把影响第二语言习得效果的诸多因素结合在一起，共同对第二语言习得效果进行解释，并且建立了各因素之间的联系。从目前关于第二语言习得的社会教育模式来看，社会教育模式比较细致、全面。

三、创造性建构学习模式

创造性建构学习模式产生于认知科学和心灵主义对母语习得的影响。该模式理论认为，学习者天生拥有独特的语言处理能力，能够把输入性语言逐步转化为自身内在的语言表达系统。学习者共同的学习、交际策略和自然习得顺序假说为创造性建构学习模式提供了理论支持。

按照这个模式的说法，学习者同外界进行语言接触，加上天生的语言处理策略的作用，就会形成一系列语言系统的内在表征。在这之后，学习者接触第二语言时，语言系统的内在表征经历过可预见阶段，渐渐朝着学习者母语的语言能力发展。举个例子，在英语学习过程中，一般都是先学习词和语法，再学习句子，这个学习过程，与我们母语的习得过程是非常类似的。

语言学习过程中，学习策略很重要。语言学习策略包括简单概况、语言模仿、转移、简化。学习过程中使用这些策略，学习者可以建构学习语言的系统。这种模式的一个重要特征就是，通过语言环境的输入调动学习者内部语言处理机制。我们能够使用语言，不是外部因素造成的，而是首先需要语言系统内在化。创造性建构模式下的语言处理策略，会帮助学习者发展语言系统的内在表征。学习者在学习语言时，不受实际过程中操作技能的影响，而是依靠内在化的语言系统去学习。这使得学习者可以不受技能模式的影响，而是通过内在的技能更轻松地掌握其他语言。创造性语言建构模式强调的是学习者本人内部认知机制的作用，而技能模式则是强调外部规则的学习，两者的侧重有所不同。

任何一种学习模式都不是完美的，创造性建构学习模式的缺点在于忽略了个体差异性。外语学习过程长且复杂，特别是受学习者心理的影响很重。学习者原有的语言知识，包括从小到大的母语，以及其他认知结构对世界的认识，都会影响其学习效果。特别是学习者的母语知识，对外语学习的影响是显而易见的。但是，对于学习者而言，积极吸收新的外语知识，就会和原来认知结构中的母语知识进行重组，而对新知识的学习产生或正面或负面的影响。从人脑对知识的记忆和储存来看，第二语言习得过程可以被视为一个不断重组和自动化的过程。

第四节　大学英语听说教学中的文化因素导入

一、大学英语听说教学应注意的文化因素

（一）词汇

语言的学习先从词汇开始。词汇作为语言的基本单位，和本民族的文化关系密切。比如，英语和汉语之间同一词汇有不同的文化内涵，这是由两个民族之间的文化差异性造成的。

1.Propaganda（宣传）

汉语字典里的"宣传"解释为对群众说明和讲解，使他们相信并且跟着行动；而英语词典中对"宣传"的定义是：政治团体为了影响公众所散布的信息，通常是夸大甚至是虚假的信息。可见该词在两种不同的文化环境下感情色彩有褒贬之分，从而反映出不同的文化特点。因此，当我们做产品宣传时，我们要说 product promotion，而不是 product propaganda。

2.Hegemony（霸权）

汉语字典里的"霸权"定义为在国际关系上以实力操纵或控制别国的强权，单从一个"霸"字，我们就可将这个词视为贬义词；而在牛津字典中它被定义为：leadership，especially by one state in a group of states（一个国家在一群国家中的领导能力），很明显是非贬义的。

3.Dragon（龙）

"龙"的形象在中国传统文化中是吉祥、活力、权力、地位的象征，是中华

民族的图腾。殊不知英语中的 dragon 是一个面目狰狞、口中喷火的怪物，与中国龙的形象和内涵大相径庭。因此，在翻译"亚洲四小龙"时，为了体现这些国家迅猛发展的虎虎生气，我们通常用 tiger 来替代 dragon。

（二）习语

习语是文化的载体，代表着一个地区国家民族文化的传承，它受到该地区地理因素、气候因素和历史政治等诸多因素的影响。例如，英国四面环海，受海洋地理因素的影响，英语中的习语多与海洋有关，如比喻人茫然不知所措，英语中用 all at sea 表达；表示人安然渡过难关，英语中是这样表达的：weather the storm（意思是暴风雨来临前，航船采取多种措施躲过风暴）；汉语中的"卖瓜不说瓜苦"，在英语中则是与海里的鱼有关的句子：Don't cry stinking fish；汉语中的"未雨绸缪"，在英语里则是 While it is fine weather, mend your sail（修帆趁天晴）。

（三）价值观念

价值观念是指社会成员有别于其他社会成员的集体思维方式。社会价值观念一般来说是比较稳定的，深层次反映社会中人群的思维和认知。掌握了社会价值观，就能理解某一社会文化深层次的内容。比如，对于个人主义、谦虚、隐私的理解，中国和西方有着截然不同的认识。

1.Individualism（个人主义）

在西方人看来，独立的个人是社会的本源或者说是社会的基础，个人价值是社会的终极价值。自我意识在西方的社会体系中始终占主体地位。在英语文化体系中，Individualism 明显带有褒义。在中国人的认知中，个人主义这个词带有明显的贬义色彩。这是因为中国传统文化观念中，儒家文化占据着主体地位。而儒家文化中，讲究"仁爱""礼仪""守信"，这些文化认知无一不是强调人际关系的和谐，强调个人融入集体的重要性；讲求牺牲个人利益，约束个人行为，而以集体为中心进行人际交往。

2.Modesty（谦虚）

东方文化比西方文化更重视谦虚准则。谦虚在我国文化体系中更类似于一种礼貌用语。比如，中国人请人到家里做客，主人明明做了好看又好吃的菜肴，用餐之前，还会谦虚地说一句"菜烧得不好，多吃点"。本身只是一种客气的说法，在西方人看来，可能会认为："菜不好吃，为什么还要多吃呢？"同样的例子，面对别人夸赞时，中西方人的反应也会截然不同。在不同的文化背景下，同样的词语背后的意义却千差万别。有些我们认为合情合理的东西，在另外的文化背景下却完全不知所云。因此，英语教学中应该首先让学生树立实事求是的思想，善于总结和分辨不同文化体系下词语表达出的不同含义，才可避免交际中误解的发生。

3.Privacy（隐私）

西方文化崇尚个人主义，因而认为隐私是合理、合法的，也是人们最高的需求；中国历史文化传统强调集体意识，不突出人的个性，因此隐私的观念相对薄弱，甚至有时候将西方人认为的某种"隐私"当作一种人际交往方式，用来维持人与人之间的亲密关系。例如，我们中国人见面时，习惯于说："吃饭了吗？""你去哪儿？"它既是一种寒暄，又是熟人之间的相互关心。而在西方人看来，这样的问题会被认为是窥探别人隐私，是不礼貌和令人反感的行为。类似的还有中国人表示关心的方式，平时大家见面，可能会问："年龄多大了？""有男朋友了吗？"而在西方，问别人年龄是种不礼貌的行为，特别是问年龄大的女士这样的问题，不仅会引起对方反感，还会被认为缺乏教养。

文化之间的差异会导致价值观差异，体现在人们生活的方方面面，语言交际也毫无例外，处处体现着价值观。

二、大学英语听说教学中开展文化导入的方法

教师在大学英语听说教学中该如何培养学生的英语文化意识，如何扫除听说过程中的文化障碍？文化导入的方法多种多样，主要可以采取以下几种方式进行：

（一）结合词语导入文化

词语负载着丰富的文化内涵，词语和它背后的语言文化是英语学习中的重要内容。大学英语教学中，从词汇开始导入文化背景知识，不但能帮助学生更好地掌握词汇，并且有利于学生了解中西方文化差异，提升学生的交际能力。在讲解过程中，教师要讲清指称意义相同而文化内涵不同的词。例如，蓝色在中文里容易让联想到大海、天空，代表沉静、安详。但在英文里，蓝色代表忧郁、不开心，

如 a blue Sunday（倒霉的星期天）；孔雀在中国的文化中是吉祥、美好的象征，在西方文化里，"peacock"的意思是爱慕虚荣、炫耀招摇。因此，不同文化背景下，一些词语表达的字面意思虽然相同，但也会让人产生不同的联想意义。

（二）利用视听媒介导入文化

在一定的情境中，听觉、知觉、视觉相结合，进行情境模仿，使学生有身临目标语情境的感觉，就是我们所说的视听教学法。它是大学英语教学中卓有成效的一种教学手段。视听教学法主要运用多媒体设备，给学生播放教学片、电影等，培养学生的语感，播放完成后，引导学生复述大意或分享个人见解，或者就某个感兴趣的话题展开讨论，使学生身临语境的同时，还能运用学到的语言和文化知识进行交际，同时训练口语。另外，视频媒介生动形象、直观的特点，也有助于培养学生的学习兴趣，提高英语听说能力。

（三）文化旁白

文化旁白是指英语听说课中加入的有关文化背景的介绍和讨论。文化旁白的介入不仅仅是为了扩大学生的知识面，而且基于深入而多元的文本解读，能从语言、内容、思维等方面有效帮助学生理解听力材料，提升综合语言能力。例如，教师在教授感恩节的文章时，可以对感恩节的文化进行延伸。教师可以播放感恩节的英文歌曲、家庭聚会视频，指导学生手写贺卡等，全面地向学生介绍感恩节的来历、风俗习惯和人们的庆祝方式等文化背景知识。

文化旁白的弹性较大，它可多可少，可深可浅，在使用这种方法时要特别注意语言与文化的关系，不可喧宾夺主，掩盖了语言教学。

（四）结合背景注释导入文化

在实际教学中，有时候有一些专题材料，如关于西方历史、战争、法律等方面的，学习者很难理解其意思。这个时候，教师给学生提供一些背景资料，会有助于学生全面深刻地理解课文，保证知识链的完整性。背景资料的展示方法多种多样，教师可以把它们制作成幻灯片进行讲解，还可以直接找相关背景资料的视频文件供学生学习，也可以要求学生课前查询相关背景资料。

总之，学生对英语文化背景了解得越多，知识面越广，就越有利于其理解材料中的含义，英语听说能力也就越强。

第五节 大学英语读写教学中的文化因素导入

一、大学英语读写教学特点

大学英语读写课程是以英语语言知识、应用技能和跨文化交际为主要内容，在新时期教学背景下，充分利用包括多媒体、互联网等现代化的教学资源，培养学生的阅读能力和理解能力，提高学生的文化素养，使学生能用英语有效地进行口头和书面的沟通交流。传统英语教学中读写教学语言点相对单一，这种新型教学模式可以弥补传统教学模式的不足，还能促使学生课下学习，提升学生对英语语言背后文化的兴趣。

二、大学英语读写课程中文化因素导入的意义

大学英语教学重点在于培养学生的综合应用能力，文化的导入是其中一个非常重要的环节。长期以来，大学英语教学重视语言形式而忽视了语言在实际场合中的运用，忽视了文化教学。随着新时期多元文化发展模式的引入，越来越多的教师开始关注对学生交际能力的培养，对教学中的文化因素也日益重视。在新时期的大背景下，跨文化交际将会越来越频繁，所以有必要在大学英语课堂中添加文化因素，进行文化导入，以此保证大学英语读写课程的完善度与覆盖面。

将文化因素引入大学英语读写课程的重要性是不言而喻的，主要有三个层面的现实意义：首先，随着各国各个领域跨文化交流日益频繁，语言学习和文化学习同时进行，可以很好地适应要求越来越高的英语交际能力。其次，有利于受教群体文化差异上的认识的构建。经济发展促进了世界范围内的多维度交流与合作，不一样的文化势必产生不一样的矛盾和误解。将文化因素引入课堂，在传统的语言文化体系下学习新的文化体系，多元化学习势必提高学生的文化接纳度。最后，大学生作为处于学校培育与社会实践之间的受教群体，其文化教育水准在很大程

度上影响着整个社会体系的发展与完善，良好的文化认知与语言运用能力能够促使其减少交流障碍，有助于推进大学英语教学的优质发展。

三、大学英语读写课程中文化因素导入的现状

新时期背景下，部分高等院校英语读写教学中文化因素的导入仍有一定不足，一般表现在以下两个方面：

第一，教材内容中，文化因素的深度不够。我国如今的现状，经济发展带动生活节奏加快，无论群体还是个体对文化的渴求逐渐减弱。传统英语教学还停留在以词汇学习和语法学习为主的时代。虽然学生听、说、读等基础技能掌握得不错，但在用外语进行实际交往时，往往不能畅通无阻。主要是因为英语教学并未跟上时代的脚步，没有把东西方文化纳入语言教学的全过程。

第二，教师人文素养缺乏。教师是教学系统的主体，是教学的组织者和引导者，更应该意识到文化因素会使英语教学发生变化，在顺应教育大趋势的要求下，相关英语专业教师更应提高自身的人文素养。当前部分教师虽然专业课扎实，但是在综合素质和文化积累方面还有一定欠缺，也缺少对文化价值体系和时代社会综合发展的了解，所以阻碍了将文化因素导入英语读写教学过程中。

四、大学英语读写课程中文化因素导入策略分析

全球化的大背景对英语人才提出了更高的要求，构建完善的、系统性的新教学模式，对人才的培养以及提升学生素养有着巨大的意义。大学英语读写课程是社会应用时效性强、跨文化领域广以及信息资源逻辑性强的一门学科。大学英语教学在秉承传统的前提下，还应汲取新时期教育新理念，注重强化社会发展、文化因素与教学的对接，进一步完善教学，加强教学过程中英语语言文化信息的导入。我们可以从以下几点来实现：

首先，开展"文化讨论"等相关活动。文化讨论作为一种授课模式，理应以教师为中心，教师可组织学习者进行某一文化主题的学习。在课前实行调研，课堂进行讨论，课后进行评价，这样一种授课模式的目标是解决新时期背景下跨文化交际的问题，旨在加深对所学语言体系的理解以及更深入的掌握，促进学习者学习能力的综合提升。文化讨论的优点很多，主要体现在主题明确、形式灵活、

参与度高，教师和学生可以一起参与其中。在这个过程中，教师应该起到主导的作用。作为主题的确定者，其要监督学生的准备工作，也要控制讨论的进展情况，并且及时收集学生学习情况，做好后期的课程评估，以此来实现更为优质的文化讨论与英语读写课程教学效果。

其次，选择更为灵活高效的考核评估体系。传统的考核体系包括平时课堂考核和期末成绩考核两种考核方式，这样的方式并不能完全适应全新的教学模式。为有效提升学生学习效果，应努力完善读写课程知识能力测评模式。比如，可在英语读写课程测试过程中，加入对文化知识的考核点。根据平时课堂活动完成情况，灵活对学生的表现进行打分；采用口语练习成绩和笔试成绩相结合的考核方法，促进学生全方面提升自己能力。

总之，文化教学已经成为新时期大学英语教学的趋势。在社会对英语人才需求越来越多、要求越来越高的今天，大学英语教育更是要做到以培养知识掌握面广、社会适应度高以及具有一定文化素养的专业化人才为己任，力争在提升词汇记忆和语法教学的同时，实现与实际语言运用方面的对接。在提倡文化软实力的政策背景下，相关教学人员应该立足于英语课程教学的综合需要，以文化元素的多维性来优化英语读写教学模式，努力完善当前教育模式并适当添加文化因素，力争在提升学生语言应用能力的基础上完善其文化修养。

第五章　语言教学研究与学习者个体因素

近年来，我国语言教学的研究重心向着多层次、多方面、多元化的方向发展，学习者的个体因素及其在语言学习过程中的作用得到了充分的重视。语言教学研究的重点从教学的客体转向主体，即从研究教学方法转向研究学习者的个体因素。本章将围绕年龄因素、语言潜能因素、学习动机因素以及学习个性因素，对学习者个体因素与语言教学展开深入研究。

第一节　学习者年龄因素

一、关于年龄的两个假说

在研究年龄对第二语言习得的影响时，需要明确两个概念，分别是关键期假说、敏感期假说。

（一）关键期假说（Critical Period Hypothesis）

早在 1959 年的时候，彭菲尔德（Penfield）和罗伯茨（Roberts）两位神经心理学家对失语症病人的神经系统进行了深入的研究。研究结果表明，在脑区受损方面，儿童与成人的恢复速度不同，成人在左脑受损的情况下会出现严重的失语，并且只能够恢复原有的部分语言能力，但 10 岁以下的儿童在左脑受损的情况下，能够迅速恢复到正常状态。由此，他们发现，在 9～10 岁的时候，人脑已经形成了语言能力上的侧化，而且会固定在大脑的左侧，所以说，在人成年之后，一旦左脑受到损伤就很难恢复原有的语言能力。但是 10 岁之下的儿童，因为并未完成左脑的语言侧化，所以一旦左脑受到损伤，就会将语言区转移到右脑，从而恢复语言功能。值得注意的是，儿童的大脑尚未侧化与大脑本身的可塑性有一定的关系，同样的，那些处于侧化之后的青少年以及成年人的大脑就不具备较强的可塑性，彭菲尔德和罗伯茨认为，这个转折期是儿童学习语言的理想期。

虽然彭菲尔德和罗伯茨的研究为语言习得的关键期理论奠定了基础，但美国的神经语言学家埃里克·勒纳伯格（Eric Lenneberg）才是语言习得关键期学说的奠基者。值得注意的是，1967年，勒纳伯格在其创作的《语言的生物学基础》一书中对语言习得关键期假说进行了论述，也正是这一假说，使得第一语言习得与第二语言习得领域发生了翻天覆地的变化。在理论阐述方面，该书作者还列举了不同领域中的各种各样的数据，这些数据大多数来自对失语症、精神障碍、大脑神经发展等病症的研究。通过对这些数据进行分析，该书作者认为，儿童语言能力的发展主要是由先天遗传的因素所决定的，并受到发音器官以及大脑等各种神经机能自然成熟过程的制约。值得注意的是，年龄会在一定程度上限制人对语言的学习。在幼儿时期，因为生理不成熟，所以很难进行习得，到了青春期之后，又因为大脑失去了可塑性，所以语言习得也很难达到正常的水平，而两岁至青春期的时间段，就是语言习得的关键期。

（二）敏感期假说（Sensitive Period Hypothesis）

奥亚马（Oyama）在1978年，通过对意大利男性移民进行学习者话语能力以及对目标语理解能力的测试，正式提出了敏感期假说。值得注意的是，研究结果表明，被测试的能力与这些接受测试的人到达美国时的年龄有一定程度上的关系，就比如6~10岁的儿童，最终测试结果与本土控制组成绩相似；11岁以上的学习者，最终测试结果与本土控制组的成绩有着很大程度上的不同。我们可以明显发现，在语言与理解能力方面，11岁以上的学习者有了很明显的降低，简单来说就是这些人的英语说得越来越不地道了。但是需要注意的是，这种不地道并不是突然产生的，而是逐步形成的。对于第二语言习得来说，敏感期的概念并不是指一旦度过某一时期，第二语言习得就突然变得不可能了。基于年龄进行观测，可以发现第二语言习得成绩的高低变化是缓慢形成的。

不管是关键期假说还是敏感期假说，都认为在学习第一语言和第二语言的时候，都存在着一个"临界期"，而且语言学习能力会受到自身机体成熟程度的影响。简而言之，不同年龄阶段的学习者在语言学习成绩方面会有不同的结果。

综上所述，这两种假说都重点强调了年龄因素，都认为开始学习第二语言的年龄会直接影响到对第二语言的正确感知。比如在学习第二语言的初期,在学习速度与发音方面,儿童会比成年人更快也更准确。但是需要注意的是,这两种假说也存在着十分明显的区别,比如关键期假说更为强调从神经生理角度进行研究,这一假说认为人在 12 岁之后,大脑会完成侧化,之后人的语言功能会完全转移至大脑左半球,所以说一旦到青春期之后,语言的发展便会结束。敏感期假说则认为,尽管第二语言的学习会受到机体成熟程度的影响,但是语言习得与学习者年龄之间的关系并不是要么全有或者要么全无的,更多地表现为,不管学习效率是否因为学习者年龄的增长而衰退,或是由于功能减退而使得习得停止,学习者在学习过程中,都必然要借助其他能力的帮助,所以说学习效率与成熟不存在过于紧密的关系。除此之外,关键期假说中所提到的年龄限制的观点是绝对的,这一假说认为,在理论上,第二语言的习得不能超过关键期;敏感期假说则认为,年龄的限制并不是绝对的,成年人也有很大可能获得一门外语,只是不太可能达到母语者的水平。关键期假说认为语言的习得存在关键期,敏感期假说则认为在第二语言习得过程中,不仅存在一个敏感期,而且在不同的语言领域中存在着很多个敏感期。在关键期假说看来,第二语言的习得能力会在人的青春期开始有十分明显的下降,但 4~12 岁的孩子并不存在明显的下降;敏感期假说则认为,第二语言的习得能力在人 6 岁时就会开始下降。

二、语言习得的临界期

对年龄的争议主要反映在外语学习有无最佳时期的问题上。人们在现实生活中观察到,儿童学习一门语言,无论是习得母语还是学习外语,在一定的环境中学起来显得又快又不费力。在 20 世纪 50 年代的时候,神经心理学家彭菲尔德通过对这种现象进行研究,得出结论:儿童的语言习得能力与大脑的发育存在很大程度上的关系。20 世纪 60 年代,勒纳伯格发展延伸了这一观点,更是提出了关键期假设(critical period bypothesis)的概念。在他看来,人在 2 岁至青春期之间的时间,大脑具备较强的可塑性,能够帮助儿童学习母语。值得注意的是,这一假设之所以成立,主要是因为建立在神经生理研究的基础之上。若是人在青春期到来之前大脑的左半球语言区就受到了一定程度的伤害,那么,该语言区还会从人的左脑转移至右脑,从而快速恢复语言功能。但是,到了青春期之后,人的大脑语言功能就会完成侧化，最终固定在大脑的左侧，这时若是受到损害就很难再恢复语言功能。在勒纳伯格看来，儿童与成年人之所以在语言学习上存在着差异，主要是因为神经生理现象。他认为，人在进入青春期之后，学习语言就必然要花费更多的努力，因为母语的口音难以克服，成年人在说外语的时候就不免带有母语的口音，且很难纠正，所以说成年人的外语不可能学得如同母语一样优秀。莫里斯（Morris）等人在此基础上提出了语言临界期假设。

临界期假设对于外语学习进行了两个预测，首先是必须在人的大脑语言功能完成侧化之前学习口语，另外一个是一旦度过临界期，人的语言学习速度就会降低，从而影响语言学习的成功率。值得注意的是，有着众多对临界期假设进行支持的研究与试验存在，比如，在 20 世纪 60 年代末的时候，阿舍（Asher）和加西亚（Garcia）就曾在美国对 7～19 岁的古巴移民进行了英语发音情况的研究。调查结果发现，若是在 6 岁之前移民至美国，那么会有近 71% 的古巴人的发音与美国人接近。如果在 13 岁之后移民，那么相近的比例仅仅为 17%[①]。同样的，在 20 世纪 70 年代末的时候，奥亚马也做过类似的研究，最终结果显示，在 11 岁之前移民美国的意大利人，相较于年龄更大的移民，在英语口语的理解能力方面要更加接近美国人。科利尔（Collier）的调查研究在一定程度上也支持了以上观点。他在美国调查了 1548 名外国移民和美国少数民族学生，目的是了解到底需要多长时间才能掌握足够的英语，以适应学习其他学科的需要。调查对象分为三个年龄组。结果表明，8～11 岁的儿童学英语最快，5～7 岁的儿童稍慢些，12～15 岁的学生在三组受试者中学习英语最困难。

值得注意的是，还存在很多反对临界期假设的人。克莱因（Klein）指出，一般人认为，在青春期之后学习语言进步缓慢。[②] 比如，儿童在刚上学的时候，尽管其母语说得较为流利，但是这一阶段的儿童所遇到的语言问题十分有限，很多语言结构都是在之后习得的。所以说若从语言学习速度的角度对其进行观测，可以明显发现母语习得也并不是像人们所想的那样又快又容易。比如，若是一名儿童接触语言的时间大约为每天 5 小时，那么，一名 5 岁儿童接触语言的时间一共约为 9100 小时，但是令人遗憾的是，尽管经历如此多的时间，儿童并未掌握很

① 王初明. 应用心理语言学 外语学习心理研究 [M]. 长沙：湖南教育出版社，1990.

② 王初明. 应用心理语言学 外语学习心理研究 [M]. 长沙：湖南教育出版社，1990.

多语言结构。与之不同的是，在西方的一些外语学校，通常使用全浸教学方法，具体来说，就是让学生每天学习 12 个小时的外语，以 6 周为期限，可以明显发现，尽管学生学习外语并不满 500 小时，但通过强化训练，却能使自身的外语水平达到一定的程度。由此，经过对比可以发现，母语习得又快又容易并不成立。所以说，若是语言习得需要等到青春期才能够完成，那么母语习得的时间恐怕会更长。许多长时间都未能掌握一门外语的人，最大的原因可能是时间并未花够。

临界期假设无疑与外语学习有着密切的联系。如临界期假设正确，人们就会因此得出结论，母语习得过程与青春期之后的外语学习过程属于两码事，青春期前后学习外语亦不相同，教学法因此也得有所区别。但是，问题并不是这样简单。即使从神经生理上去证明临界期假设，也未能得到定论。克拉申在重新分析有关大脑侧化的数据之后认为，大脑侧化的发展是在 5 岁左右完成的，而不是在青春期开始的时候。[①] 克拉申的观点与母语习得研究的结果并不矛盾，因为儿童在 5 岁时基本上能够流利地说母语了。这意味着，大脑侧化假设与青春期以后学习外语感到困难的论点并不一定有必然的联系。

就外语发音而言，到底是儿童学得好还是成年人学得好也存在争议。一些试验发现，年纪大一些的受试者语音反而学得更好些。范·埃尔斯注意到奥尔森和塞缪尔的一个发音对比试验。试验比较了 20 名小学生、20 名中学生、20 名大学生参加 33 个德语音素测试的情况。经过两周发音学习之后，中学生和大学生的发音明显比小学生好。斯诺等人在 136 名母语为英语的受试者中调查他们学习荷兰语发音的情况。受试者的年龄为 5～31 岁。年龄大的受试者发音比年龄小的好。

不过，对不同年龄的受试者进行比较也存在严重缺陷。让不同年龄的受试者做同样的试题，年纪大的受试者得高分有可能是因为他们比年纪小的受试者更懂得考试，而不一定是因为语言技能强。试验中采用的测试方法也可能更有利于年纪大的受试者。因此，围绕年龄而开展的语言试验想要以统一的测量标准得出令人信服的结论，似乎非常困难。

弗莱治（Flege）在查阅有关试验报告和理论文献之后，得出以下结论：语言学习，特别是口语发音学习的临界期是否存在尚无定论，试验结果不一致。临界期是一个难以证实的假说，它把语言学习过程看得过于简单。假设或接受临界期

---

① 王初明. 应用心理语言学 外语学习心理研究 [M]. 长沙：湖南教育出版社，1990.

的存在虽可促使人们去思考问题，但也会阻碍人们去探讨另一些可以验证有关成年人与儿童发音差异的假设。发音的差异受诸多因素的影响，神经生理上的差异在试验中难以观察到和得到控制，仅此不能令人信服地解释成年人与儿童在语言学习上的差异。解释这种差异的假设应该更加具体明确，能被验证。为此，弗莱治提出了几个他认为能够替代临界期假设而又能被验证的具体假设。

弗莱治的假设似乎具体了，但要通过试验去验证并非易事，他的想法给了我们一些有益的启示。我们不必为临界期所困惑，囿于一家理论，可另辟蹊径，以不同的角度去探讨成年人与儿童学习外语的区别，全面深入地认识外语学习的过程。克拉申在查阅了外语学习的试验报告之后得出一个颇有意义并带有总结性的结论：尽管成年人与青春期之后的青少年在学习语言方面会比儿童稍占优势，但归根结底，最终能够获得语言学习方面最高成就的却是儿童。

三、年龄对外语言习得产生影响的原因

学习者的年龄之所以会对第二语言习得产生影响，主要是因为以下五个方面的因素：生理因素、社会影响因素、认知因素、情境因素和个体因素。

社会影响因素包括文化休克（culture shock）、语言休克（language shock）、社会距离（social distance）等。文化休克让学习者感觉不被接受、对自己的身份认同迷失方向。语言休克让学习者感觉到害羞、焦虑、不适应。社会距离的概念指人与人之间在文化上的相似或不同之处。由于儿童较少受到母语文化的束缚，他们所受到的社会压力较小，因此社会距离对他们的影响也就比成人小得多。相比之下，成人较少受到来自同伴的压力。儿童为了让同伴接纳自己，常有非常强的动机要学会同伴使用的语言，而成年人有时会对自己保留一定的母语口音感觉良好，甚至他们会为了保留身份认同而刻意如此。儿童的话题面比较窄，需要使用的积极词汇也比较少，而作为成人，对自己的语言期望比较高，使用新语言会感觉到"语言退步"了。儿童通常无法意识到自己有多少东西是不知道的，而成人则对这一点非常清楚，并且容易放弃学习，并得出结论说自己已经没有学习一门语言的能力了。

认知因素包括已有知识、策略意识、对语言规则的理解、元认知控制等。值得注意的是，在认知方面，成人与儿童有明显的差异。成人学习者在语言学习的

最初阶段进步比较快是因为他们有丰富的经验、知识和能力获取更多的可理解性输入。成人学习者可以通过对语言规则的有意识思考来学习语言。由于成人学习者可以利用他们的第一语言的句型使第二语言的句型理解合理化，所以在学习初期，成人学习者的进步比儿童快。成人学习者也比儿童有更多的源于以往学习经验的语言学习策略。此外，成人学习者对元认知策略的运用也比儿童要强，比如他们比儿童更能合理安排时间，更能对自己的学习进度进行合理评价等。

年龄对第二语言学习能够产生影响的另一个因素为学习环境不同。通常情况下，儿童会在自然环境下学习外语，通过在教室中学习其他课程，沉浸在这门语言中进行学习。简单来说，这是一种理想的学习语言的环境。事实上课堂环境也各不相同，有的白天上课，如普通的中小学；有的晚上上课，如成人业余时间上的夜校。学校里用的教学方法也千差万别，有用传统的语法翻译法的，也有用交际法的。有的学习条件有限，没有面对面的交流，但使用了电子科技。这些方法是适合儿童还是成人，要看学习者以前的学习经验是什么样的，而且也跟他们的学习风格、元认知能力、学习动机、需要学习的内容以及他们能在学习语言上投入的时间和精力等都有关系。这些可以概括为情境因素。

另外，个体因素的存在也能够在一定程度上解释年龄对于第二语言习得所产生的影响，其中主要包含有学能、态度、性别、文化、个性、动机类型、学习理念、以前的学习经验、自主性、个人情况等。

四、年龄因素研究在语言教学上的意义

刘颂浩认为，对于儿童语言教学和成人语言教学，临界期假说的意义是不同的。[①] 对于儿童教学来说，临界期假说并不适合语言教学越早越好这一观点，毕竟临界期假说中所指的年龄是移民到达目标语国家的年龄，并不是正式开始学习语言的年龄。早期的语言教学之所以获得成功，是因为教授语言的教师有着丰富的知识储备以及受到过良好的训练，并且能够明确学习者的需求。在早期教学结束之后，要有后续项目，确保学习者能够获得继续学习的机会等。值得注意的是，在外语环境中，仅仅依靠早期教学就想获得母语者水平并不现实。尽管在成人语言教学中，很多成人并不能达到母语者水平，但是成年人的外语水平也是能够逐

---

① 刘颂浩. 第二语言习得导论：对外汉语教学视角 [M]. 北京：世界图书出版公司，2007.

步提升的，从而满足自身工作与学习的需要。对于成年人来说，要想真正达到母语者的水平，不能仅仅依靠正式的语言教学，还需要融入目标语国家的环境中。除此之外，还需要有着较高的语言分析能力等。尽管很多学习者并不能达到母语者水平，但还是有一部分学习者可以实现这一目标，所以在进行语言教学目标设计的时候，应当根据教学的对象以及教学时间等情况进行决断。

除了刘颂浩提到的这些问题外，实际上一线教师在教学中还会遇到另外的情形，那就是年龄不同的学习者集聚一堂，尤其是在对外汉语这种非学历教育的课堂中，我们会不时见到退休老先生跟中学毕业生坐在同一课堂上的情形。通过上面所提到的那些案例可以预见，教师在这样的课堂上进行教学，肯定会出现一些问题。若是想要班级内部年龄差距较大的学生都能够获得较好的成绩，教师应当重点注意以下几个方面：

学习材料的准备。根据班级内部学生的年龄跨度准备合适的学习材料，可以选择一些各个年龄阶段的学生都感兴趣的话题，或者是在选择材料时直接指明这一材料针对哪一年龄阶段的学生。

课堂活动的组织。教师在准备课堂活动的时候，应当确保成人与幼年学习者都能够感兴趣，若不能同时激发两者的兴趣，就需要交叉使用，使他们能够分别参与感兴趣的活动。

班级学习环境的营造。教师应当格外重视自己给学生反馈时表现的态度。在设计某一活动的时候，要确保不会使任意年龄段的人觉得尴尬。除此之外，教师应当积极营造较为轻松的学习氛围，使学生能够根据自己的年龄特征以及实际的学习风格、学习理念等选择适合自己的学习策略。

第二节 学习者语言潜能因素

一、语言潜能概述

（一）对语言潜能的界定

语言潜能，有时候也被人们称作语言学能。通常情况下，"潜能"的定义指的是人们在学习某种特定技能的过程中所表现出来的与众不同且又相对稳定的一种专门能力。在汉语的表达中，这种能力倾向也被叫作"天赋"。每个人可能会具有不同的"天赋"，而且很多人的天赋都是表现在艺术的层面中。

斯凯恩（Skehan）曾经深入研究过语言潜能方面的知识。通过研究，他指出语言潜能有两个重要方面：第一，语言潜能是两种能力的混合物，它包括语言处理能力和处理非语境化材料的能力。在学习者具体的语言学习中，这两种能力都至关重要。第二，语言潜能和语言的学习环境有较大的关系。[①]斯凯恩对语言潜能所下的定义适用于如下两种学习环境，即正式的语言学习环境和非正式的语言学习环境。

在卡罗尔（Carroll）和萨逢（Sapon）的观点中，他们指出，语言潜能是天生的，学习者在后天的学习和训练中其实并不能提高很多语言潜能，因而语言潜能不同的人在学习第二语言时，其学习的速度和掌握程度存在较大的差异。[②]

通过分析整合不同语言学家关于语言潜能的定义，我们得出，所谓语言潜能，就是学习者在学习一门外语的过程中所必需的认知素质和学习语言的能力。事实上，素质和能力之间是存在一定紧密联系的。

前面我们已经分析了语言潜能的定义，把它应用到具体的外语学习中，就是学习者在学习第二语言的时候所表现出的一种相对稳定的专门能力倾向。通常我们认为，那些语言潜能比较强的人，其实就是人们常说的语言天才。然而，有一点需要强调，"语言天才"只是有较强的语言潜能，他们并不一定就是"语言学家"，二者之间有差异。例如，法国著名的语言学家梅耶（Meillet）虽然讲授了很多和语言相关的书籍，可是无论他采用什么语言来举例子，他一开口就是比较浓重的法国口音，这是改不了的。[③]由此可见，当一个人拥有较强的语言潜能时，这个人就有较强的语言学习能力，然而语言学家必须拥有较强的语言研究能力。

（二）语言潜能的构成要素

语言潜能的构成要素主要包括四个方面的内容：语音编码解码能力、语法敏

① 田海燕.二语习得研究新视野[M].长春：东北师范大学出版社，2013：42.
② 杨连瑞，张德.二语习得研究与中国外语教学[M].上海：上海外语教育出版社，2007.
③ 单士坤，王敏.二语习得理论视阈下的高校英语教学策略研究[M].长春：吉林大学出版社，2020.

感性、归纳性语言学习能力、联想记忆能力。在学习者学习一门外语时，其语言潜能的发挥很重要。每个学习者的语言潜能是不同的，具有个体差异。

1. 语音编码解码能力

语音编码解码能力是学习者学习一门外语的基础，它主要指学习者识别不同语音的一种能力。它主要是在语音和表示某个语音的符号之间建立一定的联想，从而保存这些形成长时记忆。

在学习一门外语的初始阶段，学习者的语音编码解码能力对学习外语非常重要。如果学习者在这方面的能力比较强，他就会更加准确清晰地分析接收到的听力刺激，从而做出准确的判断，丰富自己的语料。

2. 语法敏感性

语法敏感性主要是指把语言形式与其固定的语境进行分离，从语言材料中推断出语言规则的一种能力。从简单的层面来理解，这是一种辨别句子中某个词语的语法以及判断其在句子成分中的作用的能力。需要强调的是，学习者的这种能力并不是指其对语法的实际熟悉程度，而是指学习者在学习语法的过程中所体现出的一种潜在的能力。

3. 归纳性语言学习能力

归纳性语言学习能力是学习者推断、归纳及运用语言材料的能力，也就是学习者仔细观察和分析语言材料库，并在这个基础之上进行综合分析的一种能力。这种能力主要体现在文字识别方面，是一种属于识别模式的能力。

4. 联想记忆能力

联想记忆能力是一种把刺激和反应联系在一起的能力，既建立联系又保持联系。虽然在传统的观点中，联想记忆能力和学习者获得的新信息有很大的关系，然而研究人员也重视记忆的再现，并关注信息的存储方式。例如，学者斯凯恩在研究记忆时就不断扩大记忆的概念，从而获得相应的研究进展。在斯凯恩的观点中，学习者记忆与听力方面相关的材料时才能够提升记忆的能力。此时的重点是学习者头脑中的记忆内容能否被快速回忆起来用于现实的交际需求，变成合适的语言行为。

二、语言潜能理论在高校英语教学中的应用

（一）语言潜能理论在英语教学中的具体应用

在学习者的潜能研究中，人们关注的重点问题就是如何根据学习者潜能的不同开展教学，提升教学的实际效果。将语言潜能理论应用到英语教学中，斯凯恩提出了两种比较有效的教学方法，分别为：潜能—处置—相互作用方法和诊断性方法。

1. 潜能—处置—相互作用方法

潜能的结构跟潜能—处置—相互作用，简称为 ATI 研究设计。这个研究的主要目的在于探索和研究对特定类型的学习者，在教学中采用不同的教学方法是否会有更好的效果。这个研究开展的重要前提条件就是没有最好的方法，但是可以创造最佳的学习条件。

当教师采用的教学方法和学习者所拥有的潜能层次相匹配时，则能促进学生的学习；可是如果教师采用的教学方法和学习者所拥有的潜能层次不匹配，则不利于学生的学习。

另外，潜能研究也应该紧密联系课堂的教学过程，这是因为如果教师在高校的英语课堂教学中遵循因材施教的原则，那么就会让学生在教学中充分发挥其语言潜能。

2. 诊断性方法

通常情况下，测试的方法有四种类型：潜能测试、成绩测试、能力测试、诊断性测试。人们通常把第四种测试方式和其他三种测试方式进行结合，从而提升测试的效果，如教师可以在教学中运用诊断性潜能测试对学生进行检测。在具体的教学中，授课之前，教师就可以利用诊断性潜能测试来测试学生，从而根据测试结果选择适合的教学方法。对学生的语言潜能进行测试还能使学生认识到自身的潜能以及优点，帮助学生认知自我、提高自我。

（二）语言潜能在英语教学中获得应用，教师该何去何从

在语言的学习中，学习者的语言学习潜能是影响个体差异的重要因素。因而对高校的英语教师而言，其在教学中的首要任务不是挖掘学生的语言潜能，而是为学生的英语学习创设良好的环境。

首先，在教学中，教师不能强迫学生去开发和挖掘自身的语言潜能，而是要让学生明白：每个人都有不同程度的语言学习潜能，要根据自己的潜能适度学习英语。同时，教师要让学生明白语言学习潜能是英语学习的重要基础。

其次，教师在教学中应该仔细观察和分析每个学生的学习潜能，然后根据不同学生的语言潜能来设计科学、适合学生学习水平的英语学习活动，并为学生的英语学习提供有针对性的学习材料。教师还要对学生的英语学习成果展开多样化的评价。与此同时，学生也要反思自己的学习行为。

在具体的教学实践中，如果学生的英语潜能表现得比较明显，这种情况下教师就可以充分利用学生的英语潜能开展英语教学。可是如果学生的四种英语潜能表现得都不是很明显，教师在教学中则可以观察和寻找学生身上其他方面的优势，然后引导学生利用其他优势来开展英语学习。在英语教学中，要想充分发挥学生的英语潜能，教师在教学中需要不断地告诉学生：你是可以学好英语的，你在英语方面是有较大潜能的。

第三节　学习者学习动机因素

一、动机的含义与分类

（一）动机的含义

英语中的 motivation（动机）一词，来源于拉丁文 movere，主要含义是"使运动、使行动"。由此，我们可以认定，动机指的就是推动人们做出决定、选择行为的念头。

在日常生活与研究中，人们对这一词汇使用得十分广泛，并且认为它很重要，但是并不觉得其本身的意义存在什么问题。在对这一术语的含义进行明确的时候，研究者产生了巨大的分歧。之所以如此，是因为这些人在进行研究的时候，需要面临以下六大难题：

（1）动机是有意识还是无意识地影响人类的行为？

（2）现阶段的认知研究方法是将动机研究的重点放在能转化为行为的个人

思想与信念等认知层面上，并且人们也并不会怀疑诸多情感经验在人类的行为形成过程中所起到的重要作用，但尚有疑问，我们是否应当将情感理论纳入主流的动机研究中呢？

（3）人类的行为本身十分复杂，并且还存在着种种因素对人的行为产生影响。为研究人类动机，很多人只能选择动机的几个方面进行研究，这种研究方式缺乏综合性。

（4）如何研究多重并行因素对人类行为的交互影响呢？

（5）如何解释个体、即时环境和更广博的社会文化环境间的相互关系呢？

（6）动机如何随着时间的变化而变化呢？

正是由于对这六个方面的理解不同，所以研究者给动机所下的定义才会各不相同。

尽管每位研究者都有属于自己的不同理解，但他们都认为，研究动机本质上是为了研究人类的行为的向（direction）和量（magnitude），简单来说就是，人们为什么要选择某一种行为，而选择的这一行为能够坚持多久，或者说人们为了坚持这一行为会努力到什么程度。

（二）动机的分类

1. 融入性动机与工具性动机

相较于其他学习动机，语言学习动机存在着本质上的区别，因为语言学习本身就比掌握其他技能或者知识要更加复杂。并且需要注意的是，语言学习者对于目标语文化与目标语人群的态度，能够在一定程度上影响自身对于目标语学习的动机，也能够直接影响自身的语言学习效果。一般而言，我们认为第二语言学习动机主要涉及四个方面的内容，分别为第二语言学习目标、学习语言的愿望、动机强度与对待语言学习的态度。学习目标本身无法被测量，学习者在进行第二语言学习时所存在的差异点主要表现在愿望、动机强度与语言学习态度几个方面上。

第二语言学习动机可分为两类：融入性动机（integrative motivation）和工具性动机（instrumental motivation）。有着融入性动机的学习者，对于目标语及目标语人群，存在着十分浓厚的兴趣，不仅喜欢这种语言，也喜欢它所代表的文化，并且希望自身能够成为目标语社团中的一员。有着工具性动机的学习者，更多地将目标语看成一种工具，只是希望在掌握目标语之后能够为自己带来实际的收益。

另外，经过一些学者的调查研究，还可以发现，有着融入性动机的学习者要比有着工具性动机的学习者更容易掌握目标语。值得注意的是，这一分类方式对动机研究存在着十分深远的影响，直到 20 世纪 80 年代，动机研究基本上都是在这种分类的框架中进行的。

2. 内在动机与外在动机

除了融入性动机和工具性动机的分类之外，传统上动机又可分为"内在动机"（intrinsic motivation）和"外在动机"（extrinsic motivation）两种类型。其中，内在动机指的是学习者对学习活动本身发生兴趣而产生的一种学习动机。拥有这一动机的学习者的学习目的主要是从学习活动中寻找乐趣与满足感。值得注意的是，这是语言学习中最为直接且具有活力的因素。外在动机指的是由学习成果或是学习活动之外的因素作为学习目标所引发的动机。在这一动机中，学习本身只是作为实现目标的手段存在。有着外在学习动机的学习者常常更加重视获得奖赏或躲避惩罚。就比如学习汉语时，有一部分学习者不是因为喜欢汉语或喜欢学习，而是为了拿文凭、得高分、升学等，这些就属于外在动机。

从 20 世纪 90 年代开始，"自我决定理论"（self-determination theory）和"归因理论"（attribution theory）在第二语言习得研究中得到应用。"自我决定理论"发展了传统的内在 / 外在动机学说，提出内在动机与外在动机实际上是一个对立连续的整体，二者都来自自我决定和内在化的程度，它们处于一个连续统的两端。如果对它们进行细化，内在动机和外在动机又可以被分为不同的次类型。

内在动机可分为三个次类型：了解刺激型，体验了解新事物的愉悦和满意，满足好奇心，探索世界；成就取向型，超越自我，面对挑战，创新；体验刺激型，参与行动是为了体验愉悦感。

根据自我决定的程度，我们通常情况下会将外在动机从外向内分为四个次类型：外在调节动机，属于自我决定程度最低的外在动机，完全来自外部的奖惩；投射调节动机，指的是外部加诸学习者的规则，来自内在的压力，但不是个人选择的；认同调节动机，指看到行为的实用性而自愿投入时间和精力；融合调节动机，是自我决定程度最高的外在动机。通常情况下，学习者之所以能够自主选择某一行为，是因为他与自身的其他价值观和需求等完全融合在一起。

过去人们认为，外在动机可能会破坏内在动机，有些研究也证实学习者如果只是为了满足外在动机的需求，其内在动机会削减。当然也有研究认为，两者之间不存在这种负面影响。

自我决定理论在对内在/外在动机进行深化研究的同时，还提出了一个概念，或者说第三种动机——无动机，即学习者缺乏内在动机或外在动机，有一种"不知道为什么"的感觉。

3. 整体动机、情境动机与任务动机

除了上述分类方法外，还有一种分类方法在第二语言习得研究中也受到了较多关注。一些学者将动机分为三种：整体动机、情境动机和任务动机。整体动机指对第二语言学习的一般态度；情境动机指在自然习得情况下的学习者不同于课堂学习者的动机；任务动机指对具体任务的动机。

二、动机理论

（一）自我决定理论

自我决定理论是 20 世纪 80 年代由美国心理学家德西（Edward L. Deci）和瑞安（Richard M. Ryan）等人提出的关于人类自我决定行为的动机过程理论。这一理论认为，人类天生就具有心理成长与发展的潜能，人类个体若是能够充分认识到个人的需求以及环境的信息，就能够在此基础上对自身的行为做出自由的选择。

自我决定理论把动机分为三种类型：内在动机、外在动机和无动机。

由于德西和瑞安的内在/外在动机理论和自我决定理论的影响极大，因此在第二语言习得领域有许多研究者试图将这些因素纳入他们的研究范围。有部分学者对第二语言习得中的内在动机的重要性进行了重点强调，并认为，在传统的中小学教育中过分重视培养学生的外在学习动机，从而使得学生过于追求教育过程中的物质与金钱奖励，并没有重点培养学生对于知识和经验的内在渴望。但是需要注意的是，那些重点培养学生内在学习动机的学校，能够为学生提供更为积极且肯定的环境，从而使学生之间的关系更加融洽且更加尊重知识。

自我决定理论应用于第二语言习得领域的另一个重点就是怎样培养学习者的自主性以增强学习动机。一般而言，自主性指的是学习者对自己的学习负责，学习者成功与否取决于自己的努力。学习者的自主学习与学习动机之间联系紧密，自主的学习者在本质上属于受动机驱动的学习者，内在动机的程度越高，学习者的自主学习能力就越强。动机强度的变化与语言学习成绩有着一定程度上的关系。

（二）与社会环境相关的动机理论

通常情况下，第二语言学习会受到社会文化因素的影响。在学习第二语言的时候，学习者一般都已经具备了自然习得而来的第一语言社会文化背景，那么在学习第二语言的时候，就一定会与第二语言的社会文化背景产生冲突，最终影响第二语言学习动机。另外，第二语言的选择和学习在某些情况之下也并不是出于自己的意愿，它是由众多其他因素决定的。在第二语言习得的研究中，有四种模式跟社会环境有关，分别是群际模式、文化适应理论、情境语言认同、动机投资。

1. 群际模式

该模式的中心概念是个体的自我概念，个体的主要动机是想发展或维持积极的自我形象。因为社会身份对个人的态度、价值、热情和语言行为有重要影响，所以它们和第二语言习得的过程与实践也有关系，即学习者达到近似母语能力的动机与他们对目标语群体身份的认同感以及属于语言族群内/外的看法有关系。为了更清楚地说明增强种族身份凸显的个人和情境因素，学者还增加了"种族语言活力""族群界限""多族群成员身份"等概念。

种族语言活力指的是决定一个特定族群集体特征的三个社会结构因素：地位因素、人口因素、机构支持因素。

族群界限：决定一个人加入或脱离某一族群的难易程度。

多族群成员身份：多族群成员身份很重要，因为多数成员除了种族身份外，还属于其他许多社会范畴（如职业团体和社会组织等）。

2. 文化适应理论

文化适应理论的核心是：语言学习者和目标语者之间的社会距离与心理距离对目标语的获得都是有害的，因为只有当第二语言学习者与主导族群建立起社会和心理联系时才会学习该语言。为了阐明这一理论，学者提出了决定社会距离的十二种因素。如：社会优势模型，指如果两个族群在优—劣连续统上相距甚远，就会阻碍第二语言学习；封闭程度，学习者的族群与目标语族群分享共同的社会设施的程度决定了族群间的接触程度；黏着程度，黏着程度高的族群使学习者与目标语族群保持距离；等等。但总的来说，这一理论实质上只是提出了一系列阻止语言习得的因素。

3. 情境语言认同

人类个体倾向于追求积极的自我形象，但是需要注意的是，个体形象是否积极，需要由社会认可度进行决定。作为族群形象认同最为重要的因素，语言本身占据着十分重要的地位。一个人若是想要在社会中保持积极的自我形象，就必然需要具备强烈的动机学习这个社会中的语言。这一理论的主要研究方法是通过大量实证研究，找到一系列跟社会认同有关的因素，并对这些因素之间的关系进行探讨。

4. 动机投资

传统的动机概念无法包括权利、身份等因素的动态作用过程，因此采用了"投资"的概念来描述学习者与目标语社会的历史关系，以及模棱两可的学习和使用语言的欲望。学者借用经济学术语来隐喻第二语言学习的投入反过来可以增加学习者的文化资本，学习就是希望通过投资得到好的回报。

三、大学英语课堂教学中学生动机的激发

（一）激励学生的原则

激励学生的十原则如下：

（1）用自己的行为树立一个个人榜样。

（2）创造一个轻松、愉快的课堂氛围。

（3）合理展示人物。

（4）与学生建立良好的人际关系。

（5）提高学生的语言自信。

（6）使课堂充满趣味。

（7）提高学生的自主性。

（8）使学习过程个性化。

（9）提高学生的目标取向。

（10）使学生熟悉目标语文化。

（二）课堂小组构建原则

（1）有意识地花费一些时间在小组工作上。

（2）新课上让学生放松，让他们记住彼此的名字，互相了解；每节课上允许学生对现在的小组作微调。

（3）通过课堂互动促进同伴关系，如成对活动、小组活动、角色扮演；鼓励学生互相接触，使语言任务个性化。

（4）促进小组团结，组织适当的比赛，鼓励课外活动，创造小组特色（可以有自己的旗帜、服装和 logo 等）。

（5）明确制定小组规范，让学生讨论和决定，并指出哪些是违规的。

（6）让学生通过协商个体目标来形成一个明确的小组目标，并指出哪些特定行为可以帮助实现目标。

（7）对不可避免的小组冲突和较差表现要有心理准备。

（8）认真对待学生的学习，记住，教师对第二语言小组的投入、对学生成就的兴趣和付出的努力都会对学生的语言态度产生重要影响。

（9）正确处理学生在小组中的领导角色和作用，积极鼓励学生自主学习。

（10）为课程结束后的连续性做准备，帮助他们为下一步的学习做准备。

（三）动机策略框架

1. 创造基本的动机条件

动机策略的实施不可能发生在真空中，产生动机前必须具备一些基本条件。最重要的动机条件是：恰当的教师行为及良好的师生关系；愉悦的课堂氛围；既有恰当的小组规范，相互之间关系又紧密的学习小组。

在学生学习动机的形成过程中，教师发挥着十分重要的作用，能够对学生学习动机的形成产生各种方面的影响。不管是教师的个人品质，还是言语及非言语行为等，都会直接影响到学生学习动机的形成。对于教师来说，若是想要增强学生的学习动机，就要与学生建立良好的关系，双方互相信任、互相尊重、互相理解。教师要时刻保持热情，积极投入教学工作中，由此才能使学生更加热爱这门课程。

要增强学生学习的动机，营造愉悦的课堂氛围也是十分重要的。在轻松愉快的课堂气氛中学习，学生就可以轻松表达自己的想法而不用担心被耻笑。课堂气氛紧张是第二语言学习有效性和动机的最大敌人。

课堂教学中，教师时常会把整班学生划分为不同的学习小组。一个学习小组的关系如何，对小组成员的学习动机具有重要影响。如果小组成员间不合作，关系紧张，那么这个小组的个体成员也就逐渐失去了学习的兴趣。但是一个小组仅仅有良好的人际关系，而没有明确的小组规范，也会给学生的学习动机带来负面影响。这种小组规范通常不是由教师制定的，而是由小组成员或整个班级集体讨论决定的。教师在指导学生制定规则时需要提醒他们，这些规则既要包括大家必须遵守的条款，也要包括违反规则后的处罚措施。

2. 激发学生的动机

所有学习者都因为内心的好奇而渴望学习只是一种理想状态，现实情况是很多学习者的学习是被迫的，学习者常常会认为学习"没意思、无趣"。要想激发学生的动机，可以从四个方面采取措施。

（1）加强学生与语言有关的价值和态度。主观的价值系统是内化了的感知、信念和感觉，这些都与学习者在社会生活中的位置有关，实际上是由过去的经验发展而来。这些价值系统主宰着个人的内在选择和行动方法，因此最具影响的方法就是激起学生与语言有关的积极价值和态度。

（2）加强学生的目标取向。跟学生一起讨论小组目标，帮助他们制订个性化的学习计划，允许学生用自己的标准来解释成功。

（3）使课程与学习者产生关联。尽量考虑学生的需求，找出他们的目标和想学的话题，然后尽可能地在教学大纲中反映学生的需求。如果学生认为一门课值得学习，自然就有动力去学习了。

（4）制定现实的学习目标。帮助学生制定学习目标应该像"跳起来摘桃子"，让学生看到自己只要努力，就能取得成功。在学习第二语言时，让他们了解第二语言习得的本质规律，按照这些客观规律去评判自己的进步，而不能制定不切实际的目标，那只会让学生感到失望。

3. 维持和保护动机

维持和保护动机有很多策略，如：

（1）设定近期目标。掌握一门语言需要几年的时间，要帮助学习者设立一个个小目标，让他们在一次次成功的喜悦中增强继续学习的动力。

（2）改进学习体验质量。学习体验质量越高，学习者学习的持久性就会越强。

（3）增加学习者的自信。教师要尽量减轻学生的课堂焦虑感，使他们有为课堂作贡献的感觉；为他们创造环境展示他们积极的一面。

（4）鼓励学习者自主学习。人文主义心理学认为，唯一影响行为的学习是自我发现。学习者采取积极的、独立的学习态度对学习是有益的。

（5）促进学生采取自我激励的学习策略等。

以上策略都可以使动机在行动阶段得到积极的培植。

4. 鼓励积极的自我评估

学生在结束成功的学习过程后感觉如何以及满意度如何，对他们后续的学习任务有很大影响。教师如果策略运用得当，可以帮助学生用更积极的眼光评估学习成就，让学生感到学习成就的取得来源于足够的能力和足够的努力。以下几个方面的行动后策略在课堂教学中是有用的：将学生的成就或失败归因于他的努力而非能力；提供动机反馈，即对学生的进步和能力进行评价；为学生树立一个可以学习的范例；让学生相信自己能够达到既定目标；提高学生的满意度等。

5. 创建课堂学习共同体

动机策略要发挥作用需要满足某些先决条件，要想发挥高层次需要的作用就需要先满足低层次的需要。学校也是一样，只有先建立一个让学生感到舒适、有价值和安全的环境，才能形成学生与老师间的积极的情感，产生对学校的积极态度。

（1）让教师和课堂对学生有吸引力。教师的个性特点和课堂行为都是吸引学生的因素。教师要真诚、友善、热情、幽默、健康向上，对学生要有感染力。我们不难发现，教师健康的人格对学生具有积极的影响，教师要努力做到受学生敬佩，让学生看重自己的观点、相信自己的话。如果学生认为教师用心，他们参与课堂活动的积极性就会高，反之就会变得冷漠。教师需要尽快了解学生，记住学生的名字，了解他们的背景（学业背景、家庭背景、兴趣爱好、主要观点等），并将对学生的了解融入课堂教学，如将学生的成绩纳入课堂举例和作文中。事实证明，这对激发学生的学习兴趣有很大帮助。

（2）引导学生关注个体的和共同的学习目标。学生关注的目标，除了个人目标以外还有社会目标，有时两者一致，有时则有冲突。教师需要引导学生在学习时关注学习目标而不是其他目标，因为关注目标会让学生急于获取达到目标所需的知识和技能，遇到困难时更倾向于寻求帮助，坚持努力学习。教师需要培养学生的学习取向，在引入活动时需要强调学生将要学到什么，鼓励学生相互学习、相互帮助，将错误看成学习过程的自然组成部分。

（3）教授值得学习的内容。学生在知识、技能、态度、价值和性情等方面都会有一个期望值，所以教师安排的课堂内容能否与学生的期望值相符就成为课堂教学成败的关键。教学实践表明，照本宣科而无视学生的实际需求，往往会出现下列情形：涉及的内容太多，深度不够；内容缺乏连贯性，使用大量的插段和插图，无助于学生形成重要的概念；技能与知识脱节，不是一个整体；学生用书和教学参考书中的问题与活动都不是围绕与重要目标相联系的观念来建构的。

四、动机因素对英语教学的启示

对教师而言，他们所面对的学生是各种各样的，有些学生具有较强的学习动机，但有些学生的学习动机却比较弱，那么在教学中，教师就应该通过各种方法去引导学生形成强烈的学习动机，激发学生的成就感，调动学生学习的积极性。

（一）转变观念，发挥学生的主体作用

从建构主义的视角出发，学生是认知的主体，他们才是真正的知识的建构者，教师的作用应该仅仅体现对其学习的促进上，而不应该继续呈现当下传统的满堂灌的教学方式。通过分析中国英语教学的状况可以发现教师一直处于教学的核心，而学生仅仅是知识的被动接收者。

这样，在课堂上学生的主要任务就是听讲，大部分的时间都用在了消化各种知识以及记录笔记上，很少进行课堂互动，这样的教学模式很显然会影响学生学习的积极性，从而对学习效果产生不好的影响。那么教师就应该重视这一状况，并对学生的学习积极性进行培养，逐步培养学生对英语学习的兴趣，从而提高学生在课堂上的活跃度。

（二）运用现代化教学手段创设语言环境

很显然，学习与认知理论的某些知识有非常紧密的联系，对学习者而言，可

以在原有知识的基础上对新知识进行吸纳与拓展，此时教师就应该提供给学生一些真实的问题，从而让学生将这些知识运用到问题的解决中去。对教师来说，还可以根据不同的教学内容，在课堂上对各种语言环境进行模拟与创设，从而不断激发学生学习的兴趣，让学生进入交际的角色，从而将所学知识运用到具体的交际场景中。

（三）正确处理教师权威性和学生自主性的辩证关系

教师在教学的时候应该时刻秉承以学生为中心的教育理念，从而充当起学生学习知识的建构者与激发者。在进行课堂教学的时候，教师还应该尽自己的努力营造一种良好的学习氛围，从而促进学生自主学习与合作学习的开展。

现代的英语教学强调学生学习的中心地位，对教师来说，就应该在授课之余对各种教学方法进行研究，以此促进学生形成正确的学习动机，不断提高学生学习的积极性。很显然，教师对学生学习的成效有很重要的影响。

那么对教师而言，就应该在不断提高自己专业知识的同时学习各种知识，从而提高自己的个人修养。学生受教师的影响是非常大的，如果一位教师拥有良好的形象，将会对学生产生比较积极的影响，并将这种影响逐步转化为学生学习的动力。所以，教师的形象应该是比较民主的，既拥有自身的威严，也应该有亲切的一面。

（四）选择合适教材，改革课程设置

教材的重要性是不言而喻的，它是教学大纲核心的具体呈现。对教材来说，对其的选用必须符合三项基本原则，那就是适中原则、系统化原则以及媒介原则。在选择教材的时候应该注重教材的实用性，选择取材比较广泛的、编排比较美观的、适合学生各种需要的教材。因为不同的学生对英语学习的需求是不一致的，那么在进行教材选取的时候就应该注意到这一点。

课程是一个有机的系统，涵盖教育的所有内容，不仅包括所要讲授的各门学科，还包含特定的课外活动。对教师而言，应该充分利用当前网络发展带来的便利条件，在教学中使用各种现代化的教学手段，从而不断提高当前英语教学的效率。

（五）引导学生积极归因和教师自我归因

对教师来说，应该不断引导学生形成积极的归因，让学生养成一些积极的情感。当学生取得一定成绩的时候，教师应该把原因归结为学生的个人努力，这样就会让学生对自己的能力更加自信，并且学生也会敢于挑战那些更具有难度的任务；但如果学生失败了，就应该引导学生去制定一个适合自己的学习目标，并且教师应该将失败的原因归结为学生没有付出足够的努力，这样才能不断增强学生学习的自信心。

对学生来说，如果获得了正确的归因方式，这将促进他们的学习，并且会让他们一直都处于一种良好的学习状态中。同时，教师也应该以公正客观的态度去评判自己的教学，对自己的各项行为也要有一个合理的归因。

第四节　学习者学习个性因素

一、个性的分类与测量

"个性"一词，是从英文词 personality 翻译过来的，来源于拉丁语 person。在最开始的时候，这一词语主要是指戏剧演员在舞台上表演时所戴的面具，象征着剧中人物的身份，在后来的演化中，逐渐开始指一个具有特殊性格的人。在第二语言习得中，它指的是一个人在其生活、实践活动中所表现出来的、比较稳定的、带有一定倾向性的个体心理特征的总和，是一个人区别于其他人的独特的精神面貌和心理特征，有些时候也会被译为"人格""性格"等。

若是基于心理学的角度进行研究，能够明显地发现，我们可以将个性的结构概念分为广义与狭义两种。其中狭义上的个性结构指的是存在个性倾向性，具体来说就是人对自身周围的社会环境与行为的积极特征；个性心理特征则是指人本身所具备的多种心理特点的独特结合。心理活动的动力特征，即气质；对现实环境和完成活动的态度上的特征，即性格。若是从广义的角度上对其进行研究，我们可以明显地发现，除了存在的狭义的结构成分之外，也包含心理过程和心理状态。其中心理过程指的是认知、情感、意志等。另外，心理状态主要是指情感方面的心境。

个性结构中存在的诸多成分与要素，会因为时间、地点等的不同而产生各不相同的排列组合。

在第二语言习得研究领域，大家一直比较重视对个性的分类，目前影响比较大的有三种分类模式：PEN（Psychoticism, Extraversion and Neuroticism，即精神质、外倾性和神经质）模式、MBTI（Myers-Brigs Type Indicator，即迈尔斯—布里格斯类型指示）模式、Five-Factor（也称 Big Five，即大五）模式。

（一）PEN 模式及其测量

PEN 模式是英国心理学教授艾森克（H. J. Eysenck）及其夫人提出的。他们认为虽然个性在行为上的表现形式多种多样，但真正支配人的行为的基本个性因素只有三个：精神质（psychoticism）、外倾性（extraversion）与神经质（neuroticism）。

精神质代表的是一种倔强、固执、粗暴、强横和铁石心肠的特点。它像一个连续统，从正常一直过渡到极端不正常。精神质在所有人身上都存在，只是程度不同而已。正常的一端通常表现为无私、高社会性、富于同情心、关心别人、合作精神、顺从和适应社会。极端不正常的一端则表现为自我、冷漠、倔强、固执、冲动、充满敌意、有攻击性、精神病态和反社会。如果个体的精神质表现出明显的程度，则易导致行为异常。

外倾性表现为内外倾的差别，通俗地讲，就是性格是内向还是外向。性格外向的人比较关注外部世界，对人、物和行为更为关心；性格内向的人比较关注内心世界，对思想、概念和内心印象更为关心。性格外向的人喜欢尝试新鲜事物，性格内向的人喜欢经过深思熟虑后再采取行动。

艾森克把情绪性、焦虑等都归入神经质的范围之内。它跟我们日常生活中所提到的精神疾病并没有必然的联系，而是跟人们面临危险时的反应有关。艾森克指出，神经质不稳定的人容易激动，喜怒无常，神经质稳定的人反应慢而轻，而且容易恢复平静。

艾森克以这三个维度为标准，制定了著名的艾森克人格问卷（EPQ）。它是一种自陈量表，有成人和少年两种形式。成人版的人格问卷有 90 个项目，少年版的有 81 个项目。它们各包括四个量表：P- 神经质测量表、E- 外倾性测量表、

N– 神经质测量表、L– 谎言测量表。该问卷经试验证明具有较高的信度和效度，它所测得的结果已经得到多种试验心理学研究的印证。

在第二语言习得的个性研究中，PEN 模式是最经典、最传统的模式，以后的许多研究都能从这里找到理论依据。

（二）MBTI 模式及其测量

MBTI 模式是由美国著名的心理学家凯瑟琳·库克·布里格斯（Katharine C. Briggs）和她的女儿伊莎贝尔·布里格斯·迈尔斯（Isabel Briggs Myers）共同研制开发的，是目前在世界上应用最广泛的个性测量工具，也是第二语言教学领域使用较多的个性测量表。它已经被翻译成近 20 种语言，每年的使用者多达 200 多万。MBTI 以瑞士心理学家荣格（Carl Jung）的性格理论为基础，是一种迫选型、自我报告式的个性评估工具，题型为二选一式。如 "你喜欢一个人独自享受空闲时光，或者在安静的家庭环境中放松。A. 是这样 B. 不是"；"选择你比较喜欢的词。A. 想象 B. 实际"。

MBTI 根据四个二分刻度（内向 / 外向、感知 / 直觉、思考 / 感觉、判断 / 观察）来收集数据，所谓的二分其实是相对的，它们之间没有明确的界限，只是偏向两极中的某一极，而对于第二语言学习来说，不是说其中一极就比另一极更好。

迈尔斯（Myres）是这样描述这四对二分量表的：外向型学习者比较开放，对外界的人和物都较易接受；而内向型学习者较为内敛，主要集中在概念和思想的内部世界。

感知 / 直觉量度测试的是学习者如何观察世界，是通过五官注意具体的、真实的事实还是关注抽象的可能、意义和联系。感知型学习者较为刻苦，但相对较为传统，在第二语言学习课堂中擅长记忆，对具体的事件、组织和结构较感兴趣，喜欢运用已学知识解题，需要以熟悉的具体事物为基础理解较抽象的概念、原理、语法等。处理一篇文章时，他们常常忽略文章大意和大的插图。另外，理论性的知识对他们有些困难，有时复杂的情况会让他们感到迷惑和厌烦。直觉型的学习者喜欢运用直觉思维，常常抓住大意而不关注细节。在第二语言课堂学习中，他们能够很快理解材料的关系和意义，但更多地依赖于直觉而不是观察。具有丰富想象力和创造力的他们能很好地完成其感兴趣的任务，如归纳大意、找出关联或运用想象力。

思考型学习者较为客观，不会带有个人色彩，但与之相比，感觉型学习者更倾向于根据自身的喜好做出主观性的决定。思考型学习者更加重视符合逻辑，感觉型学习者则偏向于符合自身的喜好。思考型学习者更喜欢分析语言资料，并对一些细节的知识进行牢靠的掌握，但在宏观上，对整体的知识结构进行把握的能力比较薄弱，较长使用的学习策略是分析法，喜欢对知识进行对比与推断，也喜欢基于客观的角度进行分析。感觉型的学习者则更喜欢宏观地对知识进行把握，他们不太擅长语法分析，但更偏向对比较整体的学习策略进行猜测与阐述意义。他们的学习总会遵循自我喜好与感觉。

判断型的学习者在面对需要处理的事件时，更喜欢提前制订计划，以便能够有序地对其进行管理与控制。观察型的学习者在处理某一事件时，比较喜欢对其进行自然与灵活的理解与适应。判断型的学习者有着较强的条理性，对任何事都秉承着寻根问底的态度，很难容忍歧义，他们需要对语法规则进行深入的了解，并且由教师给予明确的指导。观察型的学习者的学习生活较为散漫，在学习活动的安排有着较大的机动性与灵活性的时候，他们更擅长寻求更多形式的学习方法。在面对学习生活时，他们秉承的态度是理解与享受，而不是控制。

（三）Five-Factor 模式

以麦克雷（Mcrae）为代表的很多学者运用把自然语言中描述人格的形容词进行因素分析的方法提出了各自的"Five-Factor"模式。这种人格模型把人的个性结构分为五个维度：宜人性（agreeableness）、责任感（conscientiousness）、情绪稳定性（emotional stability）、外向性（extraversion）、开放性（openness）。

宜人性指一个人对他人所制定的规范的遵循程度，例如对主管、父母、配偶等人。一个人对规范的遵循程度越高，则其亲和程度越高。其特征为有礼貌、令人信赖、待人友善、容易相处、宽容。

一般而言，责任感指的是一个人对其所追求目标的专心与集中程度，若是追求目标越少且越专心，那么责任感就越强。主要表现特征有努力工作、不屈不挠等等。另外，责任感也包含遵守纪律、谨慎细心等。

情绪稳定性指的是能够激发某人负面情感所需要付出的刺激数目与强度，若某人接受的刺激越少，那么表明他的情绪敏感性越高，反之亦然。主要表现特征有不容易产生紧张心理，且心情轻松，能够时刻控制自己的情绪。

外向性则是指某人对于自身与他人之间的关系所感到舒适的程度，若是舒适的关系越高越多，那么此人越外向。主要特征是自信且喜欢表现，善于结交朋友，喜欢参加各种热闹的场合，等等。

开放性具体来说是指一个人兴趣的多少与深度，若某人兴趣较为多样，但深度不够，那么开放性就会比较高，反之，开放性就比较低。一般而言，其主要特征有心胸开阔，极具想象力，充满好奇心与创造力等。

从上面的描述可以看出，这种模式基本上包含了前面所介绍的另外两种模式的所有特征，因此自 20 世纪 90 年代以来，这种模式逐渐变成心理学界主要的个性模式，在第二语言习得领域也开始发挥越来越重要的作用。

二、个性对语言学习的影响

个性对语言学习的影响表现在很多方面，目前研究内容主要涉及以下几个方面：内向 / 外向、焦虑、歧义容忍度、冒险、抑制及移情等。

（一）内向 / 外向对语言学习的影响

内向 / 外向是目前第二语言习得领域研究最多的个性特征。国外很多专家、学者都曾进行过各种试验和研究。纵观各家试验结果与观点，我们能够发现，内向 / 外向对语言学习所产生的影响存在着两种截然不同的观点。其中一种观点认为，外向型的学习者在进行语言学习时有着较大的优势，并且这些人极善交际，有着较强的交际技巧。同时，其自身所具备的社交倾向性，也会帮助他们获取更多的练习机会，从而拥有更多的语言输入信息。另外一种观点则认为，内向型的学习者更占优势，因为这些人在认知学术语言能力方面有着较强的优越性，他们能够花费大量的时间沉下心来开展阅读与写作工作，最终在学术上获得成功。

内向型的学习者跟外向型的学习者所偏爱的课堂活动有所不同。由于外向型学习者喜欢交际，愿意跟别人在一起，因此他们在课堂上更愿意使用第二语言，也更偏爱交互性比较强的角色模仿表演和小组讨论活动。内向型的学习者不太喜欢跟别人在一起，因此他们更偏向于独自学习。这些人的学习伙伴或朋友常常是较为固定的，他们在课堂上比较喜欢独自学习，或者是以两人搭档的形式进行学习，也比较排斥课堂中所开展的分组讨论的活动。

（二）焦虑对语言学习的影响

通常情况下，焦虑之所以出现，是因为学习者长时间无法达到自己所订立的目标，或者是不能克服学习过程中遇到的障碍，从而自尊心与自信心受到了伤害，又或者是因为失败的内疚感不断累积而出现紧张不安、带有恐惧感的情绪。值得注意的是，在进行第二语言习得的过程中，焦虑一直是人们的重点关注对象，并且对焦虑的研究早在 20 世纪 40 年代就已经开始，很多时候，在学习上不够突出的人，更容易出现激动、紧张等情绪，而成功的学习者，无论行为还是性格都比较稳定。

在普通语言学中，我们通常将焦虑可以分成特质焦虑（trait anxiety）、状态焦虑（state anxiety）和特殊情景焦虑（situation- specific anxiety）。特质焦虑本身作为一种性格特征，表现为持久性的焦虑倾向。特质焦虑的人在很多时候都很容易产生焦虑感。状态焦虑指的是在某一个特定的时刻所产生的焦虑情绪，就比如上台回答问题的时候。特殊情景焦虑指的是在某一段时间之内，基于某种特殊情况所产生的某种焦虑，比如面向多人进行演讲的时候，通常会出现紧张不安的情况。语言学习中的焦虑通常指的是后面两种，我们将其统称为情景焦虑（situational anxiety）。根据焦虑对学习者的影响，有时焦虑也被分成促进型焦虑（facilitating anxiety）和妨碍型焦虑（debilitating anxiety）两种。通常情况下，促进型焦虑能够使学习者获得学习动力，从而更好地开展学习任务，并积极克服学习中的焦虑情绪；妨碍型焦虑指的是学习者会因此而知难而退，逃避学习任务。

在第二语言习得研究中，人们通常会使用霍维茨（Horwitz）设计的外语学习焦虑量表来测试语言学习焦虑。该量表由 33 个问题组成，包括外语学习焦虑的三个方面：交际恐惧（communication apprehension）、考试焦虑（test anxiety）、对消极评价的恐惧（fear of negative evaluation）。交际恐惧指与他人在真实或预期的交际中所产生的恐惧或焦虑程度，如在公众场合、在教师或外国人面前说话时结结巴巴、忘记所说的内容，甚至双腿打战、两手冒汗、语无伦次，有的甚至故意回避在上述场合说外语。考试焦虑指的是学生对自己期望过高，在考试中总担心自己考不好。对消极评价的恐惧指的是外语学习者害怕老师或同学对自己的负面评价。有这种焦虑的人往往过度关注别人对自己的评价，有时为了使可能出现的不利评价降低而采取回避的措施，在与人交际中往往会产生自卑感。霍维茨等人通过研究发现，在课堂上，焦虑感比较强的学生一般不会主动要求发言，参加课堂活动也不积极，有时甚至逃避参加课堂活动。

研究者一般认为焦虑会对外语学习产生一定的影响，但焦虑与外语学习并非线性关系。一定程度上的焦虑，不论是过高还是过低的焦虑水平都会对学习者的学习产生不利影响。就比如过低的焦虑水平，会导致个体难以摆脱各种对学习无关的因素的干扰，从而自身意志松懈，没有对学习的热情。过高的焦虑水平会导致个体的注意力变得狭窄，注意的转移力降低，从而难以检测到情景当中存在的种种重要的线索，最终导致自身的认知能力受到限制。

三、学生个性上的差异对英语教学的影响和教学建议

（一）针对学生个性倾向性的差异设计教学对策

1. 个性倾向性对英语教学的影响

一般而言，个性较为外向的人能够更快地掌握第二语言，毕竟这样的人无论是在课上还是课下，都更加喜欢使用第二语言。比如在那些将英语作为第二语言的环境中，一些个性较为外向的人，就是通过自然习得的方式获得英语学习能力的。在英语教学过程中，个性较为外向的人能够更加积极地参与到教师所组织的语言实践活动中，甚至到了课下，这些人还会积极寻找更多的机会进行第二语言的交流，由此，就使得他们对语言有了更深层次的敏感性，也能够对语言结构进行更加深入的建立与检验。个性外向的人在较为重视语言交际能力的环境中，自身的语言能力会发展得更快。这部分人喜欢新颖且有一定难度的教材，在进行教学的过程中，也能够更加积极地发言，但是需要注意的是，这部分人在课后并不喜欢对所学知识进行巩固，也比较马虎，个性比较内向的人则相反。个性独立的人比较喜欢参与到竞争性的学习中，个性较为顺从的人则喜欢等待教师布置作业，或者是依靠同学之间的互相帮助进行学习。

在中国，英语是作为一门外语存在的，在进行教学的过程中，教师更为关注语言的结构，但是对于那些外向型的学生来说，他们更喜欢对英语进行运用，由此他们的英语口语十分流利。而内向型的学生更愿意花费时间与精力对语言本身的形式与结构进行研究分析，也更愿意在课堂上认真听教师讲课，所以这些人更

能够全面地对语言结构进行解读。在中国现有的教育评价体系之下，内向型的学生会取得更好的成绩，所以说教师应当在教学过程中对性格不同的学生采用不同的教学方式，不但要重视语言的准确性，也要重视语言的流畅性。

2. 根据个性倾向性设计的教学策略

不论哪一种个性，都有其长处，都能促进学习者的学习，但也有其不足，也会在一定程度上阻碍学习者的学习。英语教学就是要把学生个性上的长处都发挥出来，对其个性上的不足进行弥补，促进学习者听、说、读、写、译各项技能的发展。所以，和个性倾向性差异相适应的英语教学主要涵盖了两个方面的内容，即采用和学生自身个性中的长处相适应的教学策略、采用对学生个性中的不足进行弥补的教学策略。第一个方面还可以被称为匹配策略，第二个方面还可以被称为失配策略。匹配策略对掌握知识和提高技能具有积极的促进作用，可以使学习者学得更快、更多，但是并不能对学习者个性上的不足进行弥补。而失配策略主要是弥补学习者个性上的不足，在一定程度上能促进知识的掌握，能促进学生的全面发展，对学生未来的学习有促进作用，但是学习的速度是比较缓慢的，数量上也不多。除此之外，因为学习的任务、情境都发生了变化，在一定的情境中，学习者不得不使用一些自己不擅长的学习方式和技能来进行学习，故而就需要弥补学生个性中的不足。

（二）学生个性特征的差异对英语教学的影响和教学建议

在开展教学的过程中，我们能够明显地发现，学生的学习成绩会在很大程度上受到智力水平的影响，也会受到其他因素的影响。很多时候，英语成绩较好的学生，自身的个性也比较好，更倾向于勤奋好学以及有决心与毅力，那些英语成绩不好的学生，往往不具备足够的自觉性，较为懒惰等。简单来说，经过比较分析之后，能够发现个性特征较好的学生，成绩要好一些。总的来说，个性本身属于一种动力因素，能够对学生的学习产生一定程度上的影响。若是学生拥有一些较好的个性特征，就比如良好的情绪与坚定的意志等，就能够很好地增强学生学习的信心，有很大机会实现学业上的成功。

所以说，学校在开展教育活动的过程中，应当重点考虑学生的情感因素，从而使得相关教育内容与学生自身的个性特征相适应。美国心理学家罗杰斯（C. R. Rogers）为实现这一目标，十分推崇非指导性学习。在罗杰斯看来，学生本人是学习的中心，教师应当为学生营造一个良好的课堂气氛，以便能够促使学生更加积极主动地学习。在教育过程中，还可以通过积极开展合作式学习，重点培养学生本人的人际沟通能力，从而使学生养成一种集体感。另外，教师还应当鼓励学生积极学习别人的长处，改进自身的短处，并不断完善自身的性格，以便能够有效提高自身的学习成绩与学习能力。

（三）学生的意志品质差异和教学建议

所谓的学生意志品质，主要指的是学生对学习的坚持程度，也就是通常我们所说的毅力。所谓的毅力，指的是一个人在进行某一项活动的时候所展现出来的精神活动的持续性。学习毅力指的是学习者为了完成学习任务而对各种困难进行克服的持续性的能力。一般来说，学习者每次进行学习活动所坚持的时间长短就是其是否具有毅力的标志。毅力比较强的人有这样的表现：每次完成英语学习任务的时候，不论面对什么样的困难都能坚持下去，直到完成任务。毅力比较差的人有这样的表现：每次完成英语学习任务的时候，都表现出不自信、没有恒心，当遇到困难的时候就会退缩，最终导致经常完不成学习任务，问题较多。

教学策略的相关建议：学习者的毅力和学习情境、学习任务的吸引力、学习者的态度和动机等都有非常密切的关系。所以，在进行教学的时候，教师不只是要对学生讲授英语知识、训练学生的英语技能，还要培养学生的学习毅力。英语教学必须创造良好的教学情境，还要使教学内容对学生产生一定的吸引力。此外，学生对英语学习的态度和动机也要明确下来。所以，教师要不断激励学生的意志，使学生饱含热情和坚定的信念，形成比较顽强的毅力，积极应对学习中遇到的各种困难和挑战。

（四）学生情绪水平的差异和教学建议

在进行英语教学的时候，学生情绪上的反应主要是对英语学习的一种焦虑。所谓的焦虑水平差异，指的是学生在一些规模比较大的英语考试中所展现出来的紧张感。高能力的学习者的考试焦虑指的是学习者把每次的考试成绩都看成对个人的一种激励，其非常看重每一次的考试，并且能正确看待。当考试成绩比较好的时候，会继续努力；当考试成绩不理想的时候，则会保持较好的心态，分析成绩不理想的原因，加倍努力。低能力的学习者的考试焦虑指的是学习者把每次的考试都看成一种压迫，对此十分担忧。考试结束以后，也非常看重别人对自己的看法，有时候也很无奈，甚至产生崩溃的感觉，想逃避学习，还不愿意继续努力。

教学策略的相关建议：在进行英语教学的时候，教师既要对学生的考试焦虑进行调整，使他们获得适度的考试焦虑，促进学习成绩的提高；还要通过各种方法把低能力学习者的考试焦虑降低，转移其学习目标，对学生的自信心进行培养，增强他们克服各种困难的意志力，教导学生以正确的方式看待别人的评价和考试，正确看待学习能力，以免产生心理疾病。

参考文献

[1] 潘光良.文化视角下的大学英语教学改革 [J].英语广场，2022（24）：57-60.

[2] 陈映红.语言学视角下的大学英语教学改革与实践探究 [J].海外英语，2022
（12）：180-182.

[3] 肖轶瑾.高校语言教学模式创新研究 [J].现代职业教育，2019（10）：188-
189.

[4] 唐雪梅，王翔，朱正怡.基于社会语言学视阈的高校语言教学改革分析 [J].
湖北函授大学学报，2018，31（16）：138-140.

[5] 黄冰.高校语言教学模式创新研究 [J].语文建设，2017（32）：77-78.

[6] 李小红.论高校语言教学模式的改变 [J].语文学刊，2015（16）：121-122.

[7] 李小红.探讨高校语言教学中的问题及解决方法 [J].改革与开放，2015（10）：
91，93.

[8] 周慧.浅析高校语言学教学的改革 [J].才智，2015（15）：148.

[9] 罗飞今，邝岚.英语语言与教学研究论文集 [M].郑州：河南人民出版社，
1995.

[10] 肖纳·怀特.语言教学中技术创新的实施与研究 [M].上海：上海外语教育
出版社，2020.

[11] 李红侠，春光.中外语言教学研究 [M].延吉：延边大学出版社，2019.

[12] 孙晓红，刘邦凡.语言逻辑与语言教学研究 [M].北京：吉林出版集团股份
有限公司，2018.

[13] 朱晓映，周小勇.语言教学研究的多样性 [M].上海：上海交通大学出版社，
2018.

[14] 贾爱武，濮建忠，高军.语料库语言教学与研究 [M].杭州：浙江工商大学
出版社，2017.

[15] 陈绂.语言与语言教学研究论集 [M].北京：语文出版社，2014.

[16] 陈遵平 . 语言教学研究论文集 [M]. 成都：西南交通大学出版社，2013.

[17] 谢赛 . 英语主题课外活动 [M]. 广州：暨南大学出版社，2017.

[18]《语言与语言教学研究》编委会 . 语言与语言教学研究 [M]. 北京：外文出版社，2003.

[19] 许嘉璐，陈章太 . 中学语言教学研究 [M]. 广州：广东教育出版社，1999.

[20] 北京语言学院 . 语言教学与研究（第 4 集）[M]. 北京：北京语言学院出版社，1979.

[21] 北京语言学院 . 语言教学与研究（第 3 集）[M]. 北京：北京语言学院出版社，1978.

[22] 大连海事大学外语系 . 语言教学与研究文集 [M]. 大连：大连海事大学出版社，2002.

[23] 叶敏 . 英语语言与教学研究 [M]. 北京：宇航出版社，1996.

[24] 崔校平，史成周 . 外语能力标准和外语能力培养 [M]. 上海：上海交通大学出版社，2015.

[25] 刘孟兰 . 语言学习与语言教学研究 [M]. 哈尔滨：东北林业大学出版社，2007.

[26] 向明友，徐玲 . 大学英语语言教学与研究 [M]. 上海：上海外语教育出版社，2002.

[27] 骆洪 . 外语教学与语言研究 [M]. 重庆：重庆大学出版社，2019.

[28] 杨岸青，李淑琼 . 英语语言文学与学科教学研究 [M]. 北京：知识产权出版社，2021.

[29] 江利华 . 语言文化与外语教学研究 [M]. 沈阳：辽宁大学出版社，2020.